Mind Hunter

破案神探

破解身体语言

鲁芳 ◎ 著

| 修订2版 |

中国法制出版社
CHINA LEGAL PUBLISHING HOUSE

目 录

第一章　破案神探教你面部表情识谎术

面部表情的丰富性就在于它可以展示各种各样的心理特征，任何一种心理情绪都可以通过一个人的面部表情呈现出来。你知道其中的原因吗？表情和情绪之间有什么样的关系？表情可不可以造假，情绪又能不能掩饰？生活中最为常见的几种表情有哪些？如何判断表情的真假？笑也不完全是善意的符号，破案神探将带你从另一角度解析隐藏在笑容背后的秘密。如果说面部表情与真实的内心情绪不符合，那又该如何识别和判断呢？鼻子、嘴巴，还有下巴，它们都有哪些小动作，这些小动作意味着什么呢？

第一节　表情与情绪 / 002

第二节　五种典型的微表情 /006

　　悲伤 /006

　　惊讶 /010

　　恐惧 /012

　　愤怒 /013

　　厌恶 /015

　　破案小视窗：根据面部表情破案 /016

第三节　解读笑容玄机 /019

笑容的积极意义 /019

笑容的秘密 /021

几种不同的笑容特征 /023

第四节 鼻子、嘴巴、下巴，谁在撒谎 /026

鼻子的说辞 /026

嘴巴的辩解 /030

下巴的供认不讳 /031

破案小视窗：下巴上的胡须 /036

第二章 当我与你四目相对

假如让你和一个人目光相对，你会在对方的眼睛里看见什么？是自己吗？不是。眉眼间其实隐藏着丰富的信息，信不信眉眼也会说话呢？那个看着你的人是喜欢你还是对你有点不耐烦？瞳孔瞬间放大，然后又忽然变小，这暗示着什么呢？两个人在聊天的过程中，怎样的视线交流才恰到好处？对方突然间停止了视线交流，你知道他心里在想些什么吗？有人说撒谎的人不敢正视对方的眼睛，真的是这样吗？那些一直看着对方眼睛的人就不会撒谎吗？

第一节 眉眼会说话 /040

眉毛的心语 /040

心之窗——眼睛 /043

第二节 瞳孔的秘密 /046

第三节 视线——折射内心 /049

视线交流 /049

视线阻断 /051

目录 Contents

第四节　不同方向的眼球滚动 /056

　　破案小视窗：凭借眼神揪出恶魔 /060

第三章　破案神探教你超强身体语言破谎术

　　身体语言也叫非语言，在一个人什么都不说的情况下，你也可以从他的举手投足间寻找到你想要的东西，很多时候这比语言还要可靠。破案神探观察一个人的手就可以判断其基本性格。人在撒谎的时候会有哪些小动作？你相信手也可以演绎情绪吗？握手，又有哪些值得注意的地方？如何才不会被他人抢占优势？另外，如果你想揭穿某个人的谎言，关于腿脚的动作千万不能放过，不管是坐着，还是站着，腿脚上的小动作简直太多了，它们并不复杂，只要你懂得这些小动作，谁还欺骗得了你呢？什么是躯体距离？这中间有什么讲究呢？如何根据躯体距离的远近判断一个人是否愿意接纳你？

第一节　静观其手 /064

　　"我手写我心"的奥妙 /064

　　不安分的手 /067

　　爱搞小动作的手 /069

　　双手的情绪 /074

　　破案小视窗：握手，感知真诚的重要途径 /075

第二节　腿脚摆放的玄机 /078

　　站立时腿脚怎么摆放才安全 /079

　　逃避的暗示 /081

　　何时欢喜何时忧 /082

　　王者风范——领地占领 /084

第三节 坐姿解读，助你透视人心 /088

第四节 走路姿势观看内心 /095

第五节 躯体距离 /099

  躯干空间距离 /099

  躯干远近的潜台词 /100

  胸腹发出的信号 /104

  破案小视窗：喜欢"勾肩搭背"的人有什么心理 / 108

第四章　破案神探超清晰微镜头

  在显微镜下你会看清楚每一个细菌，在破案神探的微镜头下你同样可以观察到动作的每一处细微变化。撒谎的人会有怎样的面部表情？如何在微镜头下寻找作假的线索？低头表示完全服从吗？点头就一定表示赞同吗？摇头的潜台词是什么？歪着脑袋的人有什么样的心理呢？假如一个人将脖子露给你看，你知道对方会有什么心理吗？习惯耸肩的人是不是在撒谎？当一个人感到不自在的时候会做出何种反应？遭遇意外事件时又会有何种反应？每一种动作的背后都有一种心理状态，你知道这其中的奥妙吗？

第一节 微镜头之一：面部表情造假线索 /112

第二节 微镜头之二：应对 /119

  低头 /119

  点头 /121

  摇头 /122

  歪头 /123

  脖子 /125

  耸肩 /127

第三节　微镜头之三：安慰　/130

　　面部安慰　/130

　　口唇安慰　/133

　　眼睛安慰　/136

　　言语安慰　/137

　　身体安慰　/138

第四节　微镜头之四：冻结　/141

　　面部表情的冻结　/141

　　呼吸的冻结　/142

　　手臂的冻结　/144

　　双脚的冻结　/145

第五节　微镜头之五：占领　/147

　　双臂的领地占领　/147

　　腿脚的领地占领　/150

第五章　破案神探教你超准闻声识人法

　　一个人说话的声音其实也暗藏秘密。你知道怎样通过一个人说话的语气判断出他的心理状态吗？哪种语气最有可能是撒谎的语气？语速的快慢往往和一个人的性格分不开，你知道这是怎么回事吗？话题暗示了一个人对什么比较关心，这也正说明了这个人的性格特征，这些和谎言又有什么密切的关系？谈话中的一些小动作有什么特殊的含义呢？如何在言语与动作之间寻找谎言的证据呢？不假思索就脱口而出的口头语代表着一个人怎样的心理和性格特征？

第一节　语气识别法 /154

　　语气揣摩心理 /154

　　学会驾驭语气 /158

第二节　语速识别法 /160

　　语速缓急 /160

　　语速及谈话风格的变化 /161

第三节　话题识别法 /163

　　开篇的方式 /163

　　涉及话题 /164

　　谈论的方式 /168

第四节　小动作识别法 /171

第五节　口头语识别法 /175

　　口头语与心理 /175

　　常用口头语 /175

　　字面聊天习惯用语 /179

　　破案小视窗：FBI审讯中的套话技巧 /180

第六章　破案神探教你超凡识谎术

　　在这一章中，破案神探将带我们细致解读谎言的几种心理，只有掌握了这些心理，我们才有揭谎的着手点。那么，谎言与一个人的性格有什么关系？谎言的心理又有哪些？生活中我们如何用一双慧眼去识别一些最常见的谎言呢？面对不怀好意的欺骗，我们该用什么样的手段揭穿它们呢？异性之间往往有一些很微妙的小谎言，你知道吗？怎样通过一些小动作读透异性的心思呢？

目录 Contents

第一节　破案神探教你认识谎言心理 /184

　　谎言与性格的关系 /184

　　与谎言有关的几种心理 /186

　　生活中的谎言 /187

第二节　自投罗网——谎言无处藏身 /191

第三节　原形毕露——谎言的标志性动作 /195

第四节　破案神探教你解读异性体态语言 /198

第五节　男人眼中的女人 /204

　　破案小视窗：小动作看穿男人心 /207

第七章　破案神探教你超效心理影响术

　　初次见面，如何迅速读懂对方内心并与之建立相互信任的关系？想说服一个人又不想遭到拒绝，比较有效的办法有哪些？如何在一开始就赢得主动？怎样说话才算是会说话？如果不抢先控制对方，对方就会逐步将你控制，神奇的心理影响术也是破案神探的绝技。学会影响心理的技巧无疑会为你的人际交往加分，通过探知对方内心，你将赢得更多的认同和主动。

第一节　如何快速与对方建立信任 /212

　　探知内心 /212

　　赞美巧妙化 /215

　　让对方敞开心扉的技巧 /217

第二节　怎样有效说服人心 /220

　　读懂心理动机，改变对方立场 /220

　　变换身体位置，解除心理闭锁 /222

影响心理 /223

寻找心理时间点的弱势 /225

第三节 会说话的人都这样 /227

一开口就动情 /227

分清场合，注意分寸 /228

说别人感兴趣的话题 /231

拒绝好好先生，适当反馈 /232

第四节 影响他人选择的方法 /235

破案神探教你影响他人的选择 /235

延伸：不被他人拒绝的方法 /238

守住主导优势 /239

第五节 以话套话的心理战略 /244

第一章
破案神探教你面部表情识谎术

面部表情的丰富性就在于它可以展示各种各样的心理特征，任何一种心理情绪都可以通过一个人的面部表情呈现出来。你知道其中的原因吗？表情和情绪之间有什么样的关系？表情可不可以造假，情绪又能不能掩饰？生活中最为常见的几种表情有哪些？如何判断表情的真假？笑也不完全是善意的符号，破案神探将带你从另一角度解析隐藏在笑容背后的秘密。如果说面部表情与真实的内心情绪不符合，那又该如何识别和判断呢？鼻子、嘴巴，还有下巴，它们都有哪些小动作，这些小动作意味着什么呢？

第一节　表情与情绪

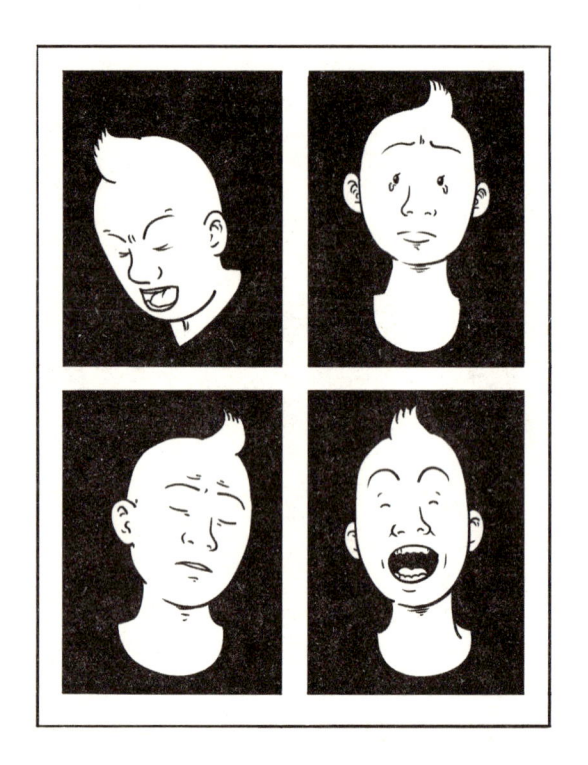

早在人类还没有语言可供交流的时期，肢体动作包括面部表情就已经成了解读身边人内心的工具之一。而在今天，语言是人类最主要的，也是最便捷的交流方式。但语言可以粉饰，语言也并不代表真实的内心，对方可以为了隐瞒身份、恶意欺诈或某种目的，甚至是出于善意而讲假话，你也无从发觉与识别。可别忘了，还有一个很不错的显示器——面部表情。

人的面部表情很复杂，几乎每一种表情都代表一种内心的情绪。

第一章
破案神探教你面部表情识谎术

可很多时候，大多数的面部表情都是假装出来的，为了达到某种目的。其实在很早之前就有研究显示，面部表情的识别和身份的识别是人类一项特殊的技能，不管是同一张面孔下的不同表情，还是同一种表情下的不同面孔，人类几乎都可以根据经验做出识别。在破案神探面前，任何人都是透明的玻璃，因为他们会把你内心的情绪看得清清楚楚。听起来似乎很玄乎，但事实确实如此，在破案神探面前，谎言是藏不住的。

如果将情绪狭义地理解为个体内心的一种体验，那么，面部表情就是这种内心体验的外在的面部反映了。例如在大学同学聚会上，不是很熟识的人会微微一笑，表示友好，同时也带有"保持距离"的暗示；在听见有人说"某某去年就得贵子了"的时候，睁大眼睛，张开嘴巴表示吃惊"这么快啊"；当一旁有人在滔滔不绝地炫耀着自己离校这几年的光辉历程的时候，你或许会轻轻撇嘴一笑，看似不经意间的一个小动作，实际表示的是不屑；当走夜路时被人从后面拍打肩膀，被惊吓了的你会倒吸一口凉气，同时嘴巴、眼睛均放大，表示恐惧；当得知好友的不幸消息时，你禁不住为他感到悲伤，会眉眼低垂，两眼无光，眉头微微皱起来……如果这个时候你不希望这样的情绪被别人看出来，那就很可能强做高兴状，刻意提升眉毛，表示精神很好，等等。

所以，当真的有情绪产生的时候，正常情况下都会呈现于面部。但在日常生活中，人们多半不愿意将自己的内心轻易展示给他人，学会了伪装，面部表情便成为一种"面具"。因此，我们可以说有情绪就有表情，却不能说有了面部表情就一定有情绪产生，即我们不能单

独根据面部表情轻易对一个人的内心下结论。

有一个年轻的女教师在黑板上写下了几个描述情绪的词语：悲伤、失落、开心、大笑、愤怒、厌恶，然后她要求学生根据词语的提示做出各种不同的面部表情。只见一个学生主动站起来生动地演绎了一场面部表情的精彩表演，当他在演绎愤怒的时候，真的像极了"愤怒的小鸟"，双眉下压呈倒"八"字，眉间还有挤在一起的"皱纹"，嘴巴紧闭，似乎紧紧憋着一口气，等待爆发的那一刻，场下立即响起了热烈的掌声。谁敢说，这位表情技艺极强的学生是真的在愤怒？一个优秀的演员还可以在数秒的时间内流出悲伤的眼泪。因此，单纯观察面部表情是不能判断人的内心情绪的。

心理学实验表明，要想最大限度地通过观察面部表情来洞悉一个人的内心状态，需要一个有效的刺激。当遭遇刺激时，只要人是清醒的，大脑就会持续接收到各种各样的信息，以便做出理性的应对。例如一个高考学生信心百倍地等待着分数线的揭晓，本以为自己不费吹灰之力便可以考上一所较好的大学，但是没想到竟落榜了，心在一瞬间沉入谷底，先是惊讶，不敢相信眼前的事实，经过反复确认无误后，终于接受了现实，然后便是前所未有的失落、悲伤，因为知道事已成定局，再也没有挽回的余地。这一系列心理过程如果不加以掩饰，外人都会从他的脸上看出来。破案神探在侦察过程中就力求寻找真实信息，过滤掉那些虚假的伪装。

还有一个需要探讨的问题就是，表情会说谎吗？

我们多数人都可以快速识别那些普通、常见的表情，进而判断对方的心绪状态。根据历史案例记载，3岁以下（包括3岁）的儿童是不能完全识别所有基本的面部表情的，而心智正常及那些年龄更大的青少年就可以顺利地判断生活中的常见表情。但事实上，面部表情很复杂，同一种表情会同时掺杂多种情绪在里面，让人很难区分究竟是什么样的心境；也有一些堪称自控力超强的高手，会把他们内心的情绪反向演绎在脸上，或者是干脆"四不像"，给人以极大的迷惑。所以，要想不被骗，我们有必要做两件事：一是具备识别真实情绪的面部表情，并学会拆解各种复杂情绪的表情特征的能力；二是在具备第一个能力的前提下，学会分辨真假。也就是说，情绪演绎出的面部表情几乎为真，而被理智控制了的面部表情多半都是假的。

第二节　五种典型的微表情

人的脸通常可以向外界传递很多种不同的信息，相当于媒介，是一种信息显示器。一般在观察脸部的时候，善于观察的人总是能够获得比别人更多的讯息。不难理解，因为通常人们看见一张脸，首先注意到的往往是这张脸的大小、轮廓，圆还是尖，乃至五官的特征等，第一时间就细心观察表情的人却很少。而通过表情感知对方内心的做法，离不开对微表情的解读。破案神探在工作的过程中就发现，狡猾的人就是利用面部表情掩饰了自己的真实身份。因此，破案神探开始对面部表情展开深入的研究，并认为面部表情很多时候都掩盖了人们的真实内心，很容易给别人造成表面假象，正是因为面部表情是可以直观看见的，而真实的内心则是难以捉摸的。

"微表情"其实是一个心理学名词，不受理智思维控制，或许由情绪引发，也或许是因为习惯，在一瞬间闪现的或者是不充分的细微的表情，就是微表情。

据此，破案神探为了识破对方，根据多年的工作经验研究总结出6种人类特有的面部微表情特征，以此作为对照就可以很快分辨出对方有没有刻意隐瞒事实。本节讲其中的5种。

悲伤

破案神探接触过很多不同的人，这中间有敌人，也有自己的亲人、朋友。他们以观察者的身份对这些人加以分析，很快就发现多数成年人在遭遇挫折时，比如一只陪伴了自己多年的小宠物突然失踪，比如一段用心经营、本以为会开花结果的感情结束了，比如投资失败并且损失惨重等，一旦内心情绪受到消极因素的刺激，悲伤便会油然而生。在身边无人或在亲近的人面前，悲伤者便会以痛哭来发泄情绪。

人是哭着来到这个世界的，最爱哭的或许就是孩子，没奶吃的时候会哭，感觉冷了不舒服了会哭，玩具被抢走了会哭，被小伙伴打了会哭，妈妈对他说"不许哭"的时候会哭得更凶……在孩子的世界里，哭是他们向父母向别人表达不满的信号，是在愿望得不到实现、需求得不到满足的情况下所做出的情感发泄。特别是在他们遭遇到一系列负面刺激的时候，比如饥饿、寒冷、恐惧、疼痛等，他们的本能反应就是大声地哭泣，情绪越是强烈，哭闹声就越大，并以此来引起大人的关注，达到自我保护的目的。但是在成人的世界里，却已经很少有人会把哭作为这种负面情绪的发泄方式，因为受到社会环境的制约，常常会尽力压制，在忍无可忍、必须及时发泄的时候才会彻底

表露出来。

当悲伤达到极致时大声痛哭，这时，悲伤的情绪才能在面部表现出来。研究总结得出，小孩子在大哭的时候，眉头是紧紧地皱在一起的，眼轮匝肌（围绕眼睛构成眼皮，负责闭眼，并通过自主地持续收缩，牵动其上的皮肤）强烈做出收缩反应，上下眼睑（眼最外的部分，起到保护眼球的作用，俗称眼皮）也会紧紧闭合在一起，相互挤压，以至于在眉宇间形成极深的纹路，同时嘴角向两边咧开，唇形被拉长、变薄，提上唇肌发生收缩，上唇紧绷，两侧脸颊隆起，嘴角和鼻翼间产生鼻唇沟，嘴巴在这个时候近似方形，下齿部分露出。

当婴儿长大成人，由于极度悲伤导致痛哭时，其面部表情与其孩童时期几乎是一致的。如果更加细致一点分析真实的悲伤痛哭表情，就如下文所述。

首先是眉眼部位。我们知道双眉下压时，眉间会有纹路产生，同时额肌中部也会收缩，又将下压的眉头微微向上提升，因此整个眉头看起来是微平的。但如果单单只是这样的眉形，在恐惧的表情中也是有的，而当悲伤达到极限，眉头出现的扭曲程度比恐惧要深。另外，在眼轮匝肌的收缩作用下，眼睑闭合，眼角还会出现皱纹，这是眼角内侧挤压而形成的，而在眼睛外侧也会出现所谓的"鱼尾纹"。

假如哭得很剧烈，那么，眼睛周围的肌肉收缩得就很紧。需要指出的是，不管是谁，都不可能在大哭的时候睁大双眼，否则就得怀疑其真实性了。

其次是唇角部位。嘴角向两侧水平拉伸，同时在降口角肌的作用下，嘴角也会下拉，降下唇肌的收缩会使下唇在整体上下拉，并露出下齿。提上唇肌的收缩作用会使上唇在上升的同时，与眼轮匝肌共同作用使得脸颊部位上抬并隆起，这隆起的脸颊与下眼睑相互挤压，便会在眼睑下方呈现出一块凹陷的区域，这就是鼻唇沟。另外，痛哭的特有表情特征还有 W 形的下唇。下唇中部在颏肌的收缩作用下微微向上堆起，下巴上便会有凹凸不平的肌肉，将本来能够外露的部分下齿掩盖住了，但是两边的嘴角还是向下弯，于是部分下齿就露了出来，因而呈现出 W 形的下唇形状。

需要指出的是，在悲伤痛哭时，下唇与接近两侧的嘴角大约四分之一处，有一个急转直下的角度，口形大致上呈现出一个近似的梯形，这就是很多人在痛哭时会发出"哇"的一声尖利而又具有爆破性的喊声的原因了。

但大多时候，成年人在外人面前不会表现得过于明显，反而试图以平静加以掩饰。但实际上，平静中依然不减悲伤，并且这样的悲伤是最持久的。有的比较矜持的女性会刻意抑制哭泣——闭嘴痛哭，默默流泪，甚至双眼也会紧闭。这时候双眉下压，眉头向上提升，眉毛整体在皱眉肌的作用下向中部聚拢，紧闭双眼。嘴巴在这个时候也有比较明显的差别，嘴角向两边延伸并呈下拉趋势，需要与撇嘴加以区分。

如果仅仅是闭着嘴巴哭泣，眼睛在自然睁开的状态下，上眼睑向上提升，但又遭到下压的双眉的抑制，使下眼睑有提升的趋势，但整体上依旧平直，眼神似乎也失去了光彩；眉头可能呈现出"纠结"的形态，即眉毛先是下压，然后眉头向上提升，比痛哭时候的眉头幅度稍有增大。

通过以上分析可以看出，悲伤痛哭时的表情如此复杂，因而如果

是假装，那也是有一定难度的，刻意做出的痛哭表情没有真实的表情有感染力，嘴部的动作也没有那么到位，假如一个人可以充分调动起他的悲伤神经，那也是需要有真实的情绪的，比如演员，他们号啕痛哭的表情还是比较生动形象的。

惊讶

人们的面部表情可谓丰富多彩，前面也说过，只要真的存在情绪，那么脸上就一定会有某种蛛丝马迹。当人们在遭受外界刺激时，开始可能无法判断是真是假，是好是坏，只能任由人类多年积累下来的惯性条件反射来支配接下来的行为：先是吸一口气，继而眼睛睁大，想要看清楚眼前的事实，同时嘴巴张开，配合最先一次的吸气动作。在经历过一瞬间的惊讶之后，也就是人们在判断完毕之后，假如这刺激是正面的，那么，便是意外的惊喜，身体会做出欢呼雀跃的反应，充分表现出自己的惊喜之情；假如这刺激是负面的，身体就会做出逃跑或斗争的决定信号，有的时候，甚至怔在原地，动弹不得，这其实也是身体的一种反应。

要想对真伪表情做出准确的判断，就有必要学会拆解某种情绪控制下的真实面部表情。下面就来看看破案神探是怎样拆解惊讶的面部表情的。

首先，眼睛睁大是在额肌和上睑提肌的共同收缩作用下形成的，也就是眼球暴露出的部分达到最大，这时候是最饱满的惊讶表情。之所以眼睛会瞬间睁大，是为了获取更多的光线射入，得到更多的视觉信息。试想，一个人处在黑暗或微弱光线的环境中，如果想看清眼前的事物，很自然会睁大眼睛，竭力看得更加清楚一点。这一点就和那种遇见强烈刺激性的光线而想要看清楚时眯起来眼睛的表现，刚好相反。而眉毛随之上拉，则是一种附属性的动作，眼睛在睁大的一瞬间调动了额肌的作用，这才使得眉毛也参与了进来，同时也加大了眉眼间惊讶的生动性，显得眼睛睁得更大了。而如果只是简单地睁大眼睛，眉毛无任何变化，几乎是很难做到的。

其次，嘴巴不自觉地张开也是有原因的。首先是为了配合先前的吸气动作，也就是便于吸入更多的空气，为身体下一秒的反应做好充足的能量准备，其次是因为在下颚的带动下，下唇很自然地向下运动，嘴巴不向两侧拉伸，单是下颚一个简单的下拉动作就可以吸入更多的空气了。

当人们在注意到一些事情时，身体的其他器官会被忽视，进而下巴才会在不经意间下垂，这样嘴就是张开的。但后来这样的说法被否定了，原因是人们在昏迷时（失去知觉等情况下）下巴也会下垂，这是由上下颚的骨骼肌肉组织结构所决定的，张嘴实际上是一个有意识的动作。和眼睛睁大时眉毛上拉一样，下颚下拉是用来吸气的最有力的方式。假如只用鼻子来快速吸气，是无法达到最佳的效果的，喉部的肌肉会大量参与到收缩的队伍中来，这是一件很困难的事。

当然，在生活中我们也会见到一些比较轻微的惊讶表情，眉毛不会上抬很高的幅度，眼睛也不会睁得特别大，但依旧可以看得出惊讶情绪的存在，也有人会在感到惊讶时紧闭着嘴巴，试图用鼻子吸气，同时眼睛睁大，眉头上抬。

需强调的是，真正惊讶的表情一般不会维持很久。破案神探研究

发现，任何真诚的表情都不会在脸上停留超过 10 秒钟的时间。大多数情况下，假如表情在脸上呈现的时间超过这个限度，那就很有可能是假装的——惊讶的表情尤其转瞬即逝，而且多数情况下不会超过 1 秒钟，有的人会刻意保持惊讶的表情，以此来引发对方的注意力，那很明显就是在假装。

恐惧

同惊讶一样，恐惧也是由外界刺激产生的，即对外界可能产生的伤害而出现的情绪反应。研究发现，恐惧分为不同程度的状态，即担忧、不安、害怕、恐惧。担忧的心理实质是预感到事情的不好，内心难以平静，担心会出现伤害，面部通常会以紧闭的双唇和微皱的眉头呈现，表示的是一种克制和内心的压力；不安的情绪呈现在面部的特征是，眼睛比正常情况下睁得大一点，眉毛整体趋于平直，但依旧存在扭曲，眉头上扬，双眉间呈现轻度纵向皱纹，嘴巴松弛微张；害怕是比恐惧缓和一点的情绪，眉头上扬，眉形整体上呈内侧下弯，上眼睑向上提升，露出警觉的眼神，同时上唇向上提升，露出上齿，嘴巴较正常情况下向水平方向放宽。

以上是恐惧之前的情绪状态，当恐惧情绪达到高潮，双眉紧皱，眉头下压，眉宇间形成一道深深的皱纹；两边眉头会在额肌中束收缩作用下向上提升，从而在额前形成一个倒写的"U"字形；眼睛试图在下压的双眉下睁到最大（一般眼睛睁得越大代表恐惧情绪越激烈），上眼睑试图向上提升，但会受到眼轮匝肌和皱眉肌的影响，上眼睑的皮肤被挤压形成一条对角线般的褶皱；上唇被拉升，上齿外露，下唇向下拉开，并向耳部延伸，露出部分下齿，嘴巴整体张大似乎要大喊出声，但这样的口形几乎是不能喊出声来的，因为很多时候是为了配合深深吸气。

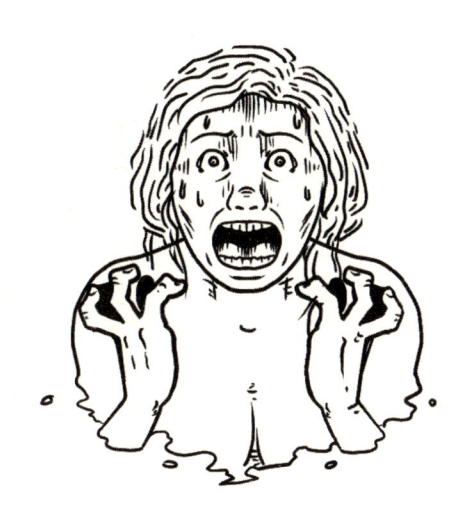

当然，这只是一些正常情况下比较典型的恐惧面部表情，在观察时还要留心一些小细节上的变化，同惊讶的表情一样，真正的恐惧表情不会在脸上停留太久，否则假装的可能性最大。如果你面前的人正在说："哇，好可怕呀！"脸上的表情却基本上和恐惧挨不着边，或过度惊愕恐惧的表情持续时间过久，那可千万不要相信他的话，因为面部表情已经出卖了他。

愤怒

几乎人人都会掩饰，尤其是掩饰不满，甚至是愤怒的情绪，因为他们认为避免随意袒露真实的内心才不至于遭遇不幸。而一旦愤怒的情绪达到一定的极限，就会毫无保留地爆发。

首先来看看眉毛和眼睛。就像那只"愤怒的小鸟"一样,双眉下压并呈倒立的"八"字形,同时眉宇间形成很深的褶皱。但双眉下压所代表的情绪不一定就是愤怒,下压的眉毛表示遇到了麻烦,表现在情绪上是困惑、为难、厌恶等,或者换种说法,下压的双眉代表深度关注。愤怒的表情在破案神探的微镜头下呈现的是以下的形态:双眉做出强烈的下压动作,同时眉头下压,上眼睑较大幅度向上提升,有时候眉宇间还会出现褶皱,而下眼睑则呈紧绷状态,另外,下压双眉的同时还极力睁大双眼,形成怒视。上眼睑向上提升,下眼睑紧绷在一起,这也是愤怒情绪最基本的形态特征,也是判断是否为愤怒情绪的必要因素。当然,随着愤怒情绪的逐渐消退,该表情也会逐渐减轻幅度。

其次来看看鼻子及其周边的肌肉。这里需要提上唇肌和上唇鼻翼提肌的作用,然后微微提升上唇,有种"咬牙切齿"的感觉,一起变化的还有鼻子的形状。由于在某种情境下刻意控制愤怒的情绪,容易出现膨大的鼻孔同时向外粗重地来回出气,即鼻翼上升,鼻孔张开,鼻翼两侧形成深深的沟纹。脸颊也会受此影响而略略突起。如果单独观察这个部位的动作很容易理解为蔑视,但是结合眉眼的动作来看,就是很明显的愤怒的表情了。

最后来看看嘴部的动作。愤怒的表情其实在很多情况下是各有区别的,因人而异,也因愤怒的程度而异。有的人在愤怒时是紧闭着嘴唇的,也有的人在愤怒时习惯"龇牙咧嘴"。紧闭嘴唇的愤怒表情中紧闭的双唇嘴角严重下垂,似乎紧紧憋着一口气,就如同一颗即将爆炸的定时炸弹一样,让人感受到威胁与压迫,有时候比大声吼叫更加具有威力。心理学家称，这是一个憋气的表情，它所具有的特征有：(1) 双眉下压并紧紧皱在一起；(2) 眼睛圆睁；(3) 双唇紧紧闭合在一起，嘴角收缩呈下弯弧线；(4) 面部颏肌收缩，微微突起。但是这种憋气的嘴形并非愤怒表情的主要代表性特征，因为假如是单纯憋气的嘴在有的时候还代表悲伤或委屈。

厌恶

厌恶起初可能由不屑的情绪衍生而来，除了看不起对方外，还因为根本不用花费力气去表示回击，于是"不屑一顾"就此产生。表示不屑的表情一般很轻微，眉头稍向下挤压，眉宇之间出现皱眉纹，眼轮匝肌收缩，眼睑紧闭，上唇微微向上提升的同时露出上面的一排牙齿，下唇基本无变化，鼻翼也跟着向上，并向外扩展，在鼻翼两侧形成浅沟纹，整体看上去，眉毛、眼睛、鼻子、嘴巴都向同一个方向集中。

而当不屑的情绪更加激烈，再也抑制不了内心的厌恶情绪时，那么，面部表情就会将其内心状态暴露无遗。想象一下，当不屑的表情更加具有强度和感染力，也就是极度的厌恶了。当厌恶的情绪达到十分饱满的程度，面部表情就具有了明显的辨识性：双眉紧紧皱在一起，眉头下压试图挤在一起，同时双眉呈下压状，双眼紧闭，鼻翼两侧肌肉向中上部紧缩，同时带动上唇向上提升，露出上齿，在鼻子的周围形成深深的鼻唇沟；在上唇的带动下，下唇也跟着向上和上唇紧紧闭合在一起，下巴表面肌肉同时也向上皱起，形成一些褶皱纹；与此同时嘴角下拉，在下巴接近嘴角的部位形成一对括弧形状的纹路。

在现实生活中，我们需要判断一个人在面带笑容的时候，那笑容里究竟隐藏的是一种什么样的情绪，了解了厌恶的表情特征之后，还有必要对冷笑和讥笑两种微表情有所了解。

将微镜头放在讥笑的面部表情上，我们会很快发现，眉眼部位几乎没有什么明显的变化，上唇微微提升，下唇比正常情况下要显得平直一点，在鼻子周围还是会有一道浅浅的鼻唇沟，只不过没有极度厌恶的时候那么明显。做出这样面部表情的人，他们往往自认为有某种优越感是被讥笑对象比不上的。更为有趣的是，与嘴角一起上扬的还有眼角——眼睛轻微眯合，脸颊微微向上提升，明显一点的是上唇单侧向上提拉，嘴角跟着做出上扬动作，与另外一边显示出十分不对称的表情。与此相比，冷笑就失去了眼部的明显动作，但是嘴巴上的单侧微笑还是比较明显的。

破案小视窗：根据面部表情破案

一个人的外表可以伪装，但感情是伪装不了的。哪怕是一个伪装

第一章
破案神探教你面部表情识谎术

高手，在没有真实感情的情况下，面部表情伪装得再逼真，也一定会有破绽出现的。

破案神探艾德里安有一个邻居，最近这个邻居家里发生了一起惨案——男主人和他不满7岁的小女儿被害并被毁尸灭迹。被害男主人的妻子来自外国，名叫卡罗琳，在美国洛杉矶定居已经有7年的时间了，她和艾德里安不仅是邻居，还是关系不错的好朋友。但是艾德里安因为工作的需要，始终隐瞒着自己的真实身份。

案发之后，卡罗琳似乎很伤心，她来到艾德里安家哭诉，表达自己的悲伤。虽然那时候卡罗琳已经向警方报了案，但是案件一直悬而未决。作为朋友，艾德里安表示无比同情，但职业的素养令他对这类案件又是十分敏感的。他开始的时候合理地安慰了眼前的朋友，而专业的训练及自身丰富的经验告诉他：卡罗琳并不是真正地悲伤，即使她悲痛欲绝，泪水涟涟，但依旧保持着均匀的呼吸和清晰的吐字，另外，在说到害死丈夫和女儿的凶手的时候，卡罗琳一语带过，并没有任何的情绪，而一般人都会表示出痛恨，更为可疑的是，卡罗琳并没有强烈寻找凶手的愿望。送走卡罗琳之后，艾德里安左思右想，他怀疑是卡罗琳杀害了自己的丈夫和女儿。艾德里安有点不敢往下想，因为卡罗琳平日里并不是十分凶残的女人，反而是一个温柔贤惠的、难得的好妻子好母亲，作为朋友，艾德里安还是比较了解她的。但艾德里安必须抛开个人情感，从专业的角度加以分析。很快，艾德里安就有了收获，他在卡罗琳家的院子里"溜达"的时候发现了线索，那是一处很不起眼的翻新痕迹，不细心观察根本就看不出来，也是平常人不会关注到的地方。

艾德里安揪住这个线索，果然在这个院子里发现了卡罗琳的丈夫和小女儿的尸体。这让艾德里安觉得不可思议，对于一个普通的妇女来说，如此高超的掩埋技巧简直令人匪夷所思。卡罗琳被捕，但艾德里安依然感觉不安，越想越觉得难以置信，于是他将情况报告给FBI总部，并表示怀疑卡罗琳的真实身份。接到报告后，FBI立即展开了调查，密切关注被关押在狱中的卡罗琳的一举一动，经过一段时间的调查之后，FBI发现了卡罗琳的秘密行为，发现她隶属于一个隐秘的邪教组织。在掌握了充足的证据后，FBI最后顺利将卡罗琳的同伙全部抓获。

第三节　解读笑容玄机

有一则寓言是这样说的：一天，森林里来了一头长颈鹿，因为这里的动物们都没有见过如此高大的动物，所以并不知道来者是谁。长颈鹿太高了，高得大家根本看不到它的头。这个新闻在森林里立即传开了，新来的不知道是什么怪物，有脚，有身体，也有尾巴，但就是没有头。

这是一个颇有哲思的小寓言。在人们的理解力与观察力不及的地方，谎言会成真，谬论会成为常识。可见，真理与真相何其重要！

笑容的积极意义

前文总结出了6种典型的面部表情，而在前一节中只说了5种，那么还有一种是什么呢？这就是开心的笑，也是这6种微表情里面唯一一个积极的面部表情。

笑容可以说是一种世界通用的表达好感的最佳工具，当属最具说服力的表情了。所以，当你面对一个人送来的笑脸时，会不知不觉跟着笑起来，这是对笑容的回敬。有研究证明，在我们的大脑皮层中有一种"反射性神经元"，它可以促使大脑来识别面部表情与动作，并且还能够向面部肌肉发出指令，从而做出与我们所见到的表情相似的面部动作。也就是说，当我们看到一种表情时，就会不自觉地在自己的脸上复制出来。这也就像我们经常说的，生活就像镜

子，你对它笑，它就会对你笑；你对它哭，它也会对你哭。同时，这也向人们揭示了那些经常面带笑容的人总是会有良好的人际关系的原因，因为笑容已经直接影响到了他人对你的评价，微笑越多，得到的回报也就越多。

华盛顿最初在俄亥俄领地的时候，为了尽快接近当地的法国人，并与之建立起信任和亲近之感，常常在酒吧里和一群法国人喝高之后爽朗大笑，表现出他豪放不羁的性格特征，平时也是把笑容挂在脸上，随时随地都给周围的人一种友好、易于接近的感觉。或许正是他脸上亲切的笑容才迅速建立了他在人们心中的友善印象，这对情报获取工作的顺利进行起到了至关重要的作用。

其实在现实生活中，笑容的作用也已经日常化。

阿欣是一家服装店的老板，别看她才二十岁出头，实际上她已经在当地开了两家连锁店。前来光顾的客户不单单是冲着她店里款式新颖、质量有保证的衣服而来的，更是因为她有着一张不管什么时候都面带微笑的脸。即使是遇到苛刻挑剔的客户，她也始终保持微笑和耐心，遇到客户有意刁难，笑容也不会从她的脸上消失，服务态度甚好。阿欣和她的闺密私下也抱怨过，但时间一长阿欣就发现，那些曾经被自己耐心招待过的客户基本上都会再来，久而久之就成了店里的忠实客户。阿欣想：看来，微笑服务是会招来回头客的！于是每当她感觉累的时候，这些回头客就是她保持微笑的巨大动力了。

第一章
破案神探教你面部表情识谎术

笑容的秘密

当你独自一人的时候笑了,那就是真的笑了,笑源于开心与幸福。开怀大笑、捧腹大笑、会心一笑等,基本上都是发自内心的真实情感。

准确识别对方是真心对你笑还是不怀好意地笑很重要。一个叫卡尔的 FBI 特工简要回忆了一段往事。那是在一次秘密行动中,根据指令,卡尔需要找到一个犯罪团伙作案的证据。起初卡尔不惜一切代价加入他们,并渐渐取得了他们的信任,当然,这期间卡尔也获取了不少有价值的情报。后来,该团伙被顺利抓获。审讯室里装上了隐形摄像头,当犯罪嫌疑人被审讯时,他们出于本能的第一反应就是加

以否认，但后来审讯人播放了拍摄下的影像，其中有的人大惊失色，也有的人表现得异常冷静。只见那人开始的时候愣了一下，随即就眯起双眼笑起来，看上去似乎一点破绽都没有，纯属很自然的笑容，但细心观察就会发现：眼睛眯起来的形态、嘴角咧开的幅度和眼睑形态不匹配，显得生硬，这样的笑容是挤出来的，并非由情绪而生；上唇向上提升的程度并不充分，下唇向上，和露出的上齿相接，嘴形同样显得很勉强，这其实是以强颜欢笑的面部表情来掩饰内心的恐惧。

  我们要想分清真笑还是假笑，首先要知道真笑时候的样子。假如从脸部肌肉来分析，最能表现出人们的真实情感的是颧骨部位的肌肉和眼轮匝肌。真笑的时候，颧骨肌肉会促使脸部出现面颊提升、龇牙咧嘴等动作，形成整个脸下半部分的全部笑容；眼轮匝肌会促使眼部肌肉收缩，于是便会出现大家经常所说的"鱼尾纹"，这在大多数的情况下成了判断真笑的一条重要线索。假如你发现在整个笑容里面仅有嘴唇部位的动作，眼睛丝毫没有变化，看上去"皮笑肉不笑"，这种没有眼睛参与的笑，往往并不是由于情绪所引起的，而只是一种礼节上的需要。如果你对面的人嘴上说着"见到你真的很开心"，或者"很荣幸认识你"，嘴角上扬挤出微笑迎向你，那么，劝你还是不要相信为好，或许他的心里正在说："真是见鬼，我怎么会遇见他呢？"你需要做的也是从你的嘴角挤出一丝微笑作为回应，从而避免尴尬的局面产生。

  真正开心的笑发自内心，真正开心时大笑也是情绪的一种表达。大笑时整个面部会发生很大的变化（即使是微笑，面部也会有明显的变化），尤其是眼睛。判断是否真笑的另一个根据就是看眼睛的眯合程度，因为笑从一开始出现就伴随着眼睛的眯合动作，那强烈的兴奋情绪已经产生，便会触发眼轮匝肌的强烈收缩动作，在此作用下，最明显的变化就是眼睑的凸出与变短，脸部肌肉整体向上提升，这样上下眼睑相互挤压的结果就是出现鱼尾纹。由此可见，观察眼睛的眯合程度可以看出一个人是不是真的开心，以及开心的程度，而那些无眼部参与的笑就是假笑。

细数真笑和假笑的区别：

首先，真笑的面部表情对称。真笑是真实情感的表达，面部整体和谐对称，而假笑往往只偏重于一边。

其次，真笑的时间持久。假笑的人往往不愿将真实的情绪泄露出来，真笑看上去生动，富于变化，而假笑的表情短暂而僵硬。

最后，真笑的眼睛有神。一个人在真正兴奋的情绪作用下，瞳孔会变大，眼睛就显得炯炯有神，充满喜悦与光泽；而假笑时候的眼睛不仅不会有明显的变化，连眼神也显得暗淡无光。

几种不同的笑容特征

冷笑。人们在冷笑时颧骨边上的肌肉会把嘴角拉向耳朵的方向，同时嘴角呈不对称拉伸形状，脸部也会稍稍转移方向，形成斜视的视觉角度，相当于蔑视时的动作，有的人还会从鼻腔里发出一种声音，表达强烈的消极对抗情绪。当面对自认为不值得重视的人或事时，往往会出现这种表情。另外，华盛顿大学的一名研究人员约翰·葛特蒙也总结说，如果在已婚夫妇中的任何一方的脸上发现这样的表情，

那就可以断定他们之间的感情很可能出现了问题。常常冷笑的人往往不轻易赞同他人的看法，而是坚持自己的原则，当然也并不排除心高气傲者，假如你对面的人对你发出了冷笑，那你就要小心了，这表示一种否定，也是两人关系出现紧张的征兆。

阴阳笑。曾经有人很形象地比喻说，阴阳笑一面是阳光明媚的晴天，一面是阴霾惨淡的阴天。这样的笑往往显得做作，当需要迎合他人的时候，常常会以不同方式的笑来取悦对方，有利可图时会用笑脸来极力讨好对方，而当无利可图时又会用笑表达出不满与不屑。擅长阴阳笑的人往往见风使舵，爱说谎话，他们将笑作为掩饰谎言的工具，有时候很难识别，稍不留心就会被那些奉承之语所迷惑。因此当发现你身边有这类人时，千万要仔细观察，小心提防。

抿嘴笑。这种笑的最明显特征是：双唇紧闭，嘴角向上拉升，形成一条微微上扬的弧线，常见于比较内敛的女性。它表示的意思多半是，我对你并不感兴趣，不管你说什么，我听，但我不会赞同。这是在面对自己并不是很喜欢的人时，出于礼貌而做出的回应——抿起上下两片嘴唇，嘴角微微上扬，这种微笑很有迷惑性，多数男性会认为这是一种娇羞的微笑，表示对自己的好感。殊不知，这实际上是一种抗拒。

开怀大笑。开怀大笑通常都是发自内心的快乐，是真实情感的抒发。人们在大笑的时候，通常下颚下垂，嘴巴自然张大并收向颈部，下嘴唇也会被大幅度地拉伸。仔细观察还会发现，嘴唇表面变得平滑圆润，而上唇则被提拉到最美弧度，大部分的牙齿露出，这是在颧骨周边肌肉、提口角肌、提上唇肌以及上唇鼻翼提肌的共同作用下完成的，这时候在鼻翼两侧会被挤出很深的鼻唇沟，但如果是假装的就达不到这种效果；此时的眼睛微闭或紧闭，因为上眼睑几乎不运动，而下眼睑则向上闭合，并在下眼睑下方形成一道沟纹；脸颊也因此而隆起。

一般习惯开怀大笑的人还会发出很爽朗的笑声，并且嘴巴也会呈现出一种特殊的形状。这样的人在日常生活中肯定是个性格良好、豪爽、不拘小节的人，对生活很容易满足，如果对面的人在你面前开怀大笑，那就表明你们现在的关系还是不错的，谈话也进行得很顺利，他已经在交谈中寻找到了彼此间的某种契合点，因而在心理上产生了满足感。这样的笑使我们感受不到任何的做作和掩饰，那种敞开了心扉的轻松与愉悦令人心旷神怡。

微笑。我们常常说要面带微笑，实际上微笑是极为常见的一种笑。微笑时的脸部特征其实就是大笑的轻度表情：眼睛眯起，下眼睑大体上处于水平紧绷状态，微微向上，试图闭合眼睛，这是表示愉悦的重要的状态；脸颊隆起，嘴角向耳朵方向大幅拉伸，上唇向上，露出上齿，只是下唇的展开力度有所减轻，基本不会露出下齿。也有的人微笑，是上下嘴唇抿合在一起，嘴角上扬，其他的面部表情大致趋于一致。

第四节　鼻子、嘴巴、下巴，谁在撒谎

鼻子的说辞

人类的面部表情有很多种，其中鼻子的表情似乎很少被人重视，殊不知，鼻子传达出来的信息也会让你在瞬间得知其内心的秘密。

在观察对方面部表情的时候，除了眼睛，鼻子也是不可不细看的重要器官之一。一个名叫大卫的FBI特工回忆说，在一个舒适的清晨，他起早准备到户外锻炼身体，这是一直以来的习惯了，锻炼可以使他始终保持矫健的身手。然而，在那个清晨，情况似乎不太一样，他居住的那间朝阳的卧室每天早上都会有服务生上门送早餐，顺便带走屋内的垃圾，当大卫听见门铃声的时候，他习惯性地去开门，可FBI特工天生的警觉性还是让大卫迟疑了半分钟，因为今天的铃声显得十分急促，于是大卫就走到门前，从门上的猫眼向外看了看：没错，还是每天都来的那位服务生。正想开门，大卫又觉得不对劲，便朝服务生多望了一眼，这一次，他看见服务生的鼻子了，也就是这一眼，让大卫立马决定翻窗逃走。

大卫看见了什么样的鼻子？

虽然鼻子周围的神经组织并不像眼睛周围的神经组织那么敏感，但是它一样具有很强的灵敏性，有些时候它会因为个体性的差异或外界因素的刺激而有更加敏感的表现。也就是说，一个人在紧张的时候，很容易在鼻子上沁出汗液，看上去就像很多水珠趴在鼻子上面。这是焦虑、紧张、恐惧等心理造成的个体性生理反应。原来，大卫再次透过猫眼看服务生的时候，发现他的鼻子上有许多汗珠，不仅如此，鼻子同时也在无规律地微微抽动，虽然他极力保持镇定，脸上也有笑容，但根据大卫丰富的FBI经验判断，一定是有人在威逼服务生，大卫想也许是自己的卧底身份暴露，于是便果断地从后窗逃走了。

研究发现，内心的情绪往往是由心理变化引起的，而心理情绪的压制引起呼吸道气流的变化，这些气流的变化又会引起鼻翼形状的变化，最明显的表现就是鼻翼的收缩与扩张。但是这在许多人身上是会出现个体性差异的，所以需要结合对方当时具体的语言、表情、谈话内容等信息，才能进一步做出更加准确的断定，解读鼻子似乎也显得越来越具有分析意义。

在人们将要做某件自己觉得具有挑战性的事情的时候，鼻孔也会慢慢张大，譬如说，即将去登山的时候会在心里不断地给自己某种鼓励与暗示，或者是一位男士想要和眼前的陌生女士打招呼心里出现慌乱不安的情绪时，都会伴随鼻孔的变化。

鼻子发出声音、鼻孔张大，这些都是一个人心理情绪的反应，情绪达到高潮时，有时候还会发现在对方的鼻头上有点点的汗珠，如果不是对方有鼻子冒汗的习惯，并且排除天气的影响，那么这个人此时多半是处于紧张焦虑的心理状态，在内心进行着一场激烈的思想斗争，担心事情不能如自己所愿。这也是前文大卫在服务生身上发现的破绽。

鼻子也善于捕捉自己喜欢的事物。比如说，在面对一桌佳肴时，

鼻子周围的神经会慢慢放松，并且伴随着一些轻微的伸缩动作，周边的肌肉也会舒张开来；而在面对自己不喜欢的甚至是排斥的事物时，鼻子就会感到不适，所以，当一些刺激性的气味进入鼻孔时，鼻子会颤动，直至打出喷嚏。有一个有趣的现象，就是鼻子在恋人之间也有它独特的功能。当面对喜欢的人以及那人身上的味道时，鼻子会发出兴奋的讯号。即使是分手的恋人，在多年后嗅到与恋人相似的味道时，还是会感觉熟悉、亲切，于是通过嗅觉引发的怀念就会在瞬间贯穿身心。

有一个成语叫"嗤之以鼻"，当鼻子发出"嗤嗤"的声音的时候，有一个轻微的小动作是不容忽视的——鼻子向上微微提了提。这就是鼻子向你发出的信号，它在告诉你："我瞧不起你、我不在乎你、你有什么了不起！"其实只要抓住这一个小小的细节性的动作，就能在瞬间听懂鼻子说的话。一个人在开始摸鼻子的时候，多数情况下是因为遇到令自己头疼的麻烦事了，他也许是在说"哦，让我想一下""这个问题……"当然喜欢摸鼻子也许是一种习惯，与这类人谈话的时候要注意他的每一个小动作，他的话可能是对你有所保留的，也可能是对你的问题存在怀疑却不直接说出来。

除"嗤之以鼻"外，还有一个词语叫"鼻孔朝天"。"鼻孔朝天"的意思是，仰起头来将鼻孔朝向天空，形容的是一种高傲自大的神态。在谈话的时候，如果对方将自己的鼻子渐渐抬高，同时鼻孔也慢慢张大，就表示他对你的意见是不赞同的，并且用鼻孔来表示对你的不满或反对。因为张大的鼻孔有时候代表的是一种情绪的压制，通常是不满、愤怒、恐惧或者是兴奋、紧张等情绪。

与人初次见面的时候，可以通过观察对方的鼻子判断其内心的想法，了解到对方的性情与内心。但是鼻子的高低与性格上的傲慢无理是没有必然联系的，我们在观察对方的时候不能将他天生的鼻梁高挺和鼻孔抬高混为一谈，否则就可能造成误会。在双方交谈的时候，不光是要观察对方鼻子的高低，还要留心一下他的一些小动作。比如有的人在谈话的时候喜欢抓鼻子、摸鼻子，这个时候你就要想一下了，是不是你的话让他产生了怀疑，如果你还想向他提出一些帮忙之类的请求的话，那么还是考虑一下吧。

有一个长相帅气，颇有点自恋情结的小伙子，一次在公交车上遇见一个漂亮的姑娘，便自信地上前搭讪，并很快攀谈起来。在谈话的过程中，小伙子不停地将自认为帅气的一面展示出来，还故作吸烟的耍酷姿态，本以为对方会倾慕他，没料到的是人家根本不感冒，只是出于礼貌做简单回应，并且渐渐仰起头，尽量不看自己眼前的这个自以为是的家伙，还用手捂住了鼻子。最后，姑娘转身就走开了，留下小伙子一个人尴尬地站在原地。

小伙子自以为是地展示自己，却不知道人家姑娘已经发出种种不满的信号了，其中捂鼻子的动作就是在做最后的不满与反抗，然后只得转身逃开。因此，当我们在与对方说话时，留心观察对方鼻子上的小动作，也是解读其真实内心的重要而有效的手段。这也告诉我们，在说话的时候，千万要注意自己的鼻子，鼻翼的变化也会透露自己的内心。

当对方在说话时一直把手放在鼻子上，并且反复抚摸，那么此时的话就很难是真的；假如他开始的时候并没有摸鼻子的动作，而是在提及某件事或某个人时才做出这个动作，那么很有可能当前的话题刺激到了他的神经，他将为了掩盖一些事情而撒谎；与摸鼻子动作相对应的是捏鼻子，但它与摸鼻子所表达的意思是不同的，这是要将自己内心的矛盾传递给对方，等待对方的回应——突然之间捏鼻子，表明他正在困境中挣扎，希望通过反复琢磨理出头绪来。

嘴巴的辩解

我们在前文中说过，人在微笑时，嘴角会上扬一定的幅度，有的时候单看嘴角的变化，也可了解一二。很多人在面对不同的境遇和场景的时候，多半都会礼貌性地微笑，而真的微笑嘴角会上扬到一个很好看的弧度，如果不是发自内心的微笑，那种弧度就显得

很生硬，似乎是被硬拉上去的，极其不自然，明眼人一看就看出来了。

而与上扬的嘴角相对应的就是下拉的嘴角。这其实是一种负面情绪的写照。破案神探指出，如果在对话的时候，对方的嘴角下垂，眼睛向上看，那便是不赞同的意思，他很可能在同一问题上与你持相反意见，下拉的嘴角是在尽量维护自己的威信和尊严。当人们在遭遇委屈、苦恼、郁闷时，嘴角会不自觉地向下撇，有很明显的幅度上的变化。

不管是嘴角的上扬还是下拉，都是外延运动，而与之相对的是嘴角的收拢动作。嘴角收拢的潜在意思就是表示不满、质疑，也似乎是在思索着什么；还有一种是抿嘴的动作，通常一个人的压力大、内心不安会用这个动作加以缓解，有时候女士抿嘴也表示一种拒绝；爱咬嘴唇的人往往心无城府，开心或不开心都在脸上显露无遗，因此这类人如果撒谎，对方一眼就能看出来。

下巴的供认不讳

供词之一：下巴的扬起与收缩

下巴在一定程度上可以代表一个人的性格。比如一个总是喜欢扬着下巴的人，十之八九是个趾高气扬的人；而习惯缩起下巴，则是敢于接受批评的表现。

当人们的下巴扬起的时候，胸部以及腹部就会相应地凸出来，给人的感觉就是骄傲自大、趾高气扬，尤其在与人谈话的时候，处在优势地位的人常常会有这样的姿态。因为当你扬起下巴的时候，看

向别人的目光就是由上而下投向对方,这样就表示你看不起眼前的人,并且含有挑衅的意味。这样的动作有点像前面我们说过的抬高鼻子,用鼻孔看人。

与扬起的下巴相对的就是缩起来的下巴。缩起下巴的时候,人的背部就会随之微微拱起。第一,它表示这个人性格怯懦,不敢接受挑战,常常在失败后一蹶不振,犯了错误时总是会请求对方的谅解,同时眼光下垂、低头等动作也会伴随着下巴收缩的动作一起发生。第二,这个动作有时候也与扬起下巴一样带有"挑衅"与"敌意"的味道。但它们之间的不同是,收缩的下巴带有更加深度的愤怒,伴随下巴收缩动作发生的还有目光在对方身上的瞬间凝聚,似乎将要迸出愤怒的火花。第三,缩起的下巴还表示对某件事持怀疑态度。当对对方的看法或所做的事情表示不赞同的时候,就会出现下巴的收缩动作,并且伴随着该动作一起发生的还有眼球的向上翻动,这样的人疑心比较重,常常对身边的人和事产生怀疑,不会轻易相信别人,也不会轻易将自己的心事向别人表露。

供词之二:下巴小动作的含义

破案神探根据实际经验告诉我们:托着下巴的人并不一定是在思考。因为托下巴的动作有时候也是为了掩饰内心的情感变化,比如害羞或紧张等。所以,下巴也可以像人体的其他部位一样向外界传达内心活动的信号。并且关于下巴的动作有很多种,每一种动作的背后都包含着不同的意义。

和鼻子一样,下巴也有一些小动作,在不经意间透露真实内心。譬如用手下意识地固定头部,像托下巴、抵上额,或是用手指捏住前额、太阳穴，用手掌或拳头撑起半个脸颊，这样的举动证明发出动作者是在思考着什么。罗丹在他著名的雕塑作品《思想者》中塑造的人物姿态已经成了"思考"的典型标志。但假如是用双手捂住脸颊则表示内心的害羞和紧张，通常容易脸红的人比较喜欢做这个动作。

当人的手与下巴结合起来的时候，就会做出许多不同的动作。用手托住下巴的姿势是最为常见的一种，表示他开始对某一件事或某一个话题产生比较浓厚的兴趣，并且渐渐进入沉思的状态；生活中妈妈也会这样静静地注视自己的孩子在玩耍时的可爱模样，然后会慢慢想象着他将来长大的样子，脸上也会洋溢出幸福、满足的笑容。

而当人们陷入惶恐、孤独的情绪中时，会用摸下巴的方式来缓解内心的不安。尤其是那些说了谎话的人，由于担心自己的谎言被揭穿而心生焦虑，这个时候他们就会下意识地触摸下巴。当年美国总统尼克松被卷入"水门事件"，当记者采访他时，他在回答问题的过程中做出了许多触摸下巴的小动作。细心的人就会发现这些动作以前在尼克松的身上是从来没有过的，因此，尽管他极力澄清案件与自己没有关系，但依然不能令大众信服。

另外值得注意的是，在托下巴的同时，手掌捂住了半边脸，这是一个表示批判的动作；如果是大拇指托住下巴，食指勾起贴在嘴角上方的脸颊上，其余的手指则蜷曲起来并置于低于食指的位置，这样的动作也常常代表批判，表示随时都有可能打断对方的话进而发表自己的意见。

供词之三：对话中的下巴

破案神探在对下巴的研究中发现，下巴在双方对话的时候，会在

不知不觉中发生变化。而每一个变化的细节都是值得 FBI 人员注意的线索，他们根据对方不失时宜的下巴动作，深度解读其心理，探究其性格。

首先，听话者的下巴总是和说话者的下巴保持一致。这种情形表明听话者性格比较温婉，即使在倾听的过程中产生了与说话者不同的意见，他们也不会很快提出来，而是想等对方说完了，自己再说也不晚，这类人通常很难与人发生争执，不论在什么时候都会保持特别平静的态度。不会乱发脾气，但并不代表他们没有脾气，因为他们的脾气常常是不发则已，一发就不可收拾。

他们天生就是慢性子，但是不管是在学习上还是在工作上都有坚韧不拔的毅力，有"不达目的誓不罢休"的干劲。而有时候也不免过于固执己见，容易走进死胡同，不能正确对待挫折与失败，常常会有悲观绝望的情绪。破案神探称，这样的人喜欢追求安稳、富足、平静的生活，对生活质量、饮食质量都有很高的要求，但在社交中却无法做到圆滑与变通。

其次，对话中听话者的下巴会随着说话者的目光而变化。FBI 认为这一类人通常比较憨厚、真诚，不会斤斤计较，不会耍心机，待人大方，不会因为占了人家的小便宜而沾沾自喜，更不会因为吃亏而沮丧，因为在他们的眼里，"大度"才是福。可是他们有时候也比较固执，而这样的固执往往表现为性格上的沉稳、谨慎与细心。在交友方面，他们常常比较谨慎，渴望与人建立稳固的情谊，在朋友圈里属于莫逆之交的类型。

再次，听话者喜欢将下巴放低，并有意收回。破案神探认为，如果在你们对话的时候发现对方做了这样的动作，一方面有可能是对方对你的意见有不赞同的趋向，另一方面也可能说明这样的人很自我，希望别人像自己对别人一样来对待自己，而一旦发现自己不被重视就会接受不了。他们的内心是善良的，却往往因为得不到重视而在情绪上产生较大的起伏。他们在性格上是很容易发脾气的一类人，虽然易怒，但是在错误面前还是会坦然面对，能够知错就改，所以这样的人还是比较有胸怀的。

最后，下巴有意抬高，并在与人对话的过程中根据说话者的姿态做出相应的变化。破案神探总结称，此类人往往爱憎分明，喜欢也好，不喜欢也罢，都不会刻意掩饰自己内心的情绪，喜怒哀乐往往都表现在脸上，所以与他们相处时不需要想太多，因为他们说出来的话往往出于无心，多想的人不免会受气。总是直来直去，不会拐弯抹角是此类人的特点，却也在很多时候惹来不必要的麻烦。他们的生活总是充满生机与活力，身边的人也总是会被他们的快乐与幸福所感染。在实际生活中，他们有较为广泛的社交范围，但并不代表什么人都会成为他们的朋友，只有同样有着一颗真诚的待人之心的人才会让其感觉到相交的价值。他们性格坚毅，百折不挠，但也能屈能伸。

下巴的一些小细节很细腻，也很微妙，往往不容易被察觉，但可以作为洞察对方心思的线索。所以在观察你眼前的那个人的时候，一定要抓住任何有价值的信息，别忽略了他的下巴。

破案小视窗：下巴上的胡须

在美国一个城市的郊外曾经发生过一起重大惨案，被害者是一个年轻的IT工作者。根据邻居们的描述，这位被害者毕业于美国名牌大学，生性活泼开朗，身材高大，长相英俊，同时也满腹才华，人们实在不敢相信就是这样一个性格合群、才华出众的小伙子竟然会在风华正茂之时被结束了生命，大家无不表示惋惜，同时也想不到凶手会和他有多大的仇恨。在案发现场有一摊血迹，被害者已经被分尸，尸体被分别抛置于死者家中的各个角落，这令人毛骨悚然的举动立即引起了FBI的注意。一位在FBI工作了长达20年之久的老特工称，这个凶手很可能是个身材上存在缺陷的人，并且患有精神病。进一步深入研究后，老特工做出判断：凶手极有可能身材矮小、瘦弱，心理存在严重偏执，并且有极大的可能这个凶手在下巴上蓄留着胡须；另外，凶手是被害者的好朋友；然而凶手并没有消除自己的作案工具——锯子，证明凶手作案后张皇失措，也或者是凶手患有精神病。

于是，警方根据该描述锁定了犯罪嫌疑人的特征，不久便抓获了真凶。当这个凶手现身之后，人们见到的凶手与FBI特工描述的基本一致：此人男性，身高不足一米六，体型偏瘦，在他的下巴上有一撮很显眼的黑色胡须。他称自己与被害者是大学期间的好友，因为好友太优秀了，几乎抢走了他本该拥有的一切。凶手在言谈间露出了狰狞的目光，看样子现在依旧不解恨。根据他之前所在精神病院院长提供的信息，凶手此前一直住院，长年患有精神病。原来，前不久他从精神病院逃出来，声称要找被害者叙叙旧，可一直以来隐藏在他内心深处的嫉恨使他做出了疯狂的举动。

我们在日常生活中，也常常会见到一些下巴上长满胡须的人，FBI丰富的实战经验告诉我们：那些喜欢蓄留胡须的人，一方面是因为个人的喜好，但另一方面更重要的是，他们认为胡须可以使下巴更为突出。在古代日本，很多领导者都会蓄留胡须，一方面为了增添威严，另一方面也会在视觉上淡化他们身材矮小的缺陷。例如，日本明治天皇蓄胡子，就不仅仅是为了显示他的男性美。这是日本的形象设计专家为了凸显天皇的威严而有意设计的。

有的人还会在嘴唇的上方留着胡须，同样是为了起到突出下巴的效果。像马克思、胡志明、卡斯特罗以及中国古代那些法力无边的神仙等，他们那男性所特有的刚毅性格和顽强意志都给人们留下了特别

深刻的印象。据说，希特勒对卓别林式的小胡子非常着迷，他认为，这样的小胡子和他矮小的身材结合起来，会产生一种强烈的吸引力，激发德国人高昂的斗志。

但是很多时候人们发现，并不是所有留有胡须的人都会有那样刚毅的人格魅力，多数属于性格懦弱之人。这类人是想用胡须来突出下巴，掩盖他们在言语与行动上的不足。

第二章

当我与你四目相对

假如让你和一个人目光相对，你会在对方的眼睛里看见什么？是自己吗？不是。眉眼间其实隐藏着丰富的信息，信不信眉眼也会说话呢？那个看着你的人是喜欢你还是对你有点不耐烦？瞳孔瞬间放大，然后又忽然变小，这暗示着什么呢？两个人在聊天的过程中，怎样的视线交流才恰到好处？对方突然间停止了视线交流，你知道他心里在想些什么吗？有人说撒谎的人不敢正视对方的眼睛，真的是这样吗？那些一直看着对方眼睛的人就不会撒谎吗？

第一节　眉眼会说话

眉毛的心语

上文具体阐释过几种典型的面部表情，细心的读者或许已经发现了，其实不同的面部表情配合的眉毛的形状和状态也是不一样的。如果只是观察眉毛，可能无法准确识别真正的表情是什么，但是眉毛的状态变化暗含的意义重大。破案神探认为，伴随不同的眼部动作，眉毛也有它自己的动作，并代表着不同的含义，实际上几乎每一个眼部动作，乃至面部表情的变化都离不开眉毛的辅助作用。

在心理学上，眉毛同眼睛一样可以展示一个人的内心。那么，眉毛是怎样"表情达意"的呢？

我们知道眉毛包括眉头、眉体、眉梢三个部位，眉毛最高的那一点称为眉峰。如果你仔细观察过对方在正常状态下的眉毛，那就很容易发现眉毛的细微变化，这里面藏着很有价值的信息。一个人在遭受负面情绪的威胁时，会出现眉毛的整体下压动作，该动作表示对负面刺激的严重关注，不高兴、焦虑、威胁等。这种下压是眉头、眉体、眉梢的整体压低，上眼睑因为受到眉毛的压迫而不得不向下闭合，将部分眼球遮住，下眼睑随即呈紧绷状态，根据下压的力度还可以推导出内心对外在刺激的关注程度，正常情况下，不会持续很久，否则，便是很明显的谎言信号。而从另一个层面上来说，观察眉毛所反映出

第二章
当我与你四目相对

来的情绪，还可以洞悉其内心，判断其是否在说谎。

首先，一个人在愤怒时，眉头向中间皱起并下压，眉梢向面孔两侧的斜上方挑起，下眼睑向下，愤怒的情绪越强烈，眉头就皱得越紧，即双眉高高挑起，眼睛睁大，眉头紧皱，就成了愤怒时候的典型眉形；当愤怒到一定程度准备进攻时，面部各个器官会在内心强烈情绪的作用下扩张，在出现愤怒的典型眉形的同时，头也会稍稍低下，下巴随之收回，眼睛也相应地向上翻看，该姿势多出现在赛事激烈的运动员身上。一旦你发现对方的眉梢渐趋平和，眉宇间的皱纹也减少了或消失了，那就表示其内心的愤怒情绪正在消减。

其次，人在悲伤的时候眉头稍高，眉梢也会降低，一般情况下，悲伤的情绪越是真实，这个动作就越是明显，但当悲伤散去，整个人处在一种失神的状态下时，眉头就会散开，前文中已经有比较详细的介绍。破案神探认为，再平静的面孔，只要留心仔细观察眉毛，就会及时发现悲伤的蔓延，洞察其内心情绪的转变。如果抛开眼睛和嘴巴不谈，单单研究悲伤时候的眉毛，就会发现它也有自己的特定眉形。

极度悲伤时的眉毛是呈八字形状的，也就是说，眉头向上抬高，眉梢压低。因为这种动作如果想要做到最明显的程度，不是真实的悲伤是很难做出来的。一般情况下，眉头高抬或眉梢降低是不会很明显的，它们往往是一种相对的状态。如果要准确判断这种状态的改变，首先需要确定一个基准线，这条基准线的确定就要以一个正常情况下的人的眉毛作为基础，即将正常情况下的眉头和眉梢用一条线连接起来（这条线你也可以自己在心里默想），当其产生负面的悲伤情绪时

再观察他的眉毛变化情况，可再次将变化后的眉头和眉梢用直线"连接"起来，这条线就称为眉角线，然后就可以把该眉角线与之前的眉角基线做对比，变化的幅度越大，表示负面情绪越强烈。

当然并不是说所有人在悲伤时都会呈现以上现象，眉头高于眉梢，但只要注意到眉角线与水平方向的角度变大，也就意味着悲伤的情绪产生了。悲伤时候的眉毛还有可能会皱在一起，如果皱在一起，表明正在被痛苦咬噬，还不能接受事实，内心正在努力分解这份悲伤；而如果是分散开的，便是前文所说的平静的悲伤了，对方很可能已经意识到现实，也接受了现实，但还不能从难过中抽离，依然处于被悲伤控制着的失神的状态里。由于悲伤的巨大操纵力量使得精神和肌肉组织的力量渐渐退化，思考不复存在，面部表情也会不由自主地失去控制，也正因为如此，平静的悲伤表情才更加持久。

然而实际情况是，并不是每个悲伤的表情都有八字形状的眉毛出现，观察眉角线是一条线索，还有就是看眼睑的变化情况，这比眉毛的形状更加便于识别。悲伤时，上眼睑会向面部中间位置靠拢并上扬，这是在眼轮匝肌的收缩作用下，挤压眼睑造成的效果，用来识别悲伤很有效，同时，泪腺刚好就在眼睑的上方，就更加便于悲伤者流出眼泪了。

最后，还有一种眉头抬升的动作，这是在十分自信并且认为对方也应当认可时才会有的动作，一般表示的是积极情绪，像开心、喜悦等，细心观察会发现抬升眉毛的同时，眉宇间是平滑的，譬如惊讶的面部表情也有抬升眉毛，眉毛抬升的幅度越高，就表明越开心越喜悦。

第二章
当我与你四目相对

心之窗——眼睛

美国思想家艾默生曾经说过:"人的眼睛和舌头所说的话一样多,不需要字典,就能从眼睛的语言中了解整个世界。"可见透过眼睛,我们也许什么都不用说就能看出对方的个性和心思。就像人们常常说的,"眼睛是心灵的窗户",透过这扇窗户,我们可以打开对方的心门。

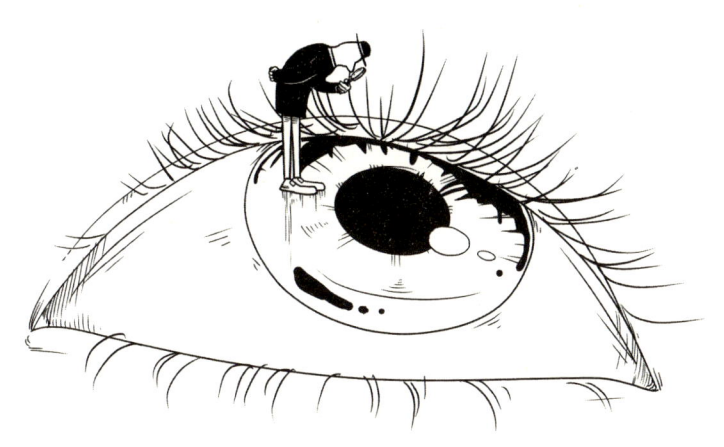

破案神探颇有这方面的识人经验,一个人的心性完全可以通过眼睛做初步的了解和判断:正直诚实的人,眼神澄明;善良的人满眼慈善的光芒,看一眼就觉得很亲切很温暖;内向的人连眼神都会流露出羞怯;内心猥琐的人,眼睛里会透出一种不正之光,所谓"贼眉鼠眼"就是这样形象的写照;而心肠狠毒的人往往带有杀气,眼睛里透出凶光;心怀诡计的人,内心往往打着自己的如意小算盘,又担心某些细节被识破,眼神不会很安定,四处乱晃,并且不敢直视对方的眼睛。

作为破案神探,必须要有一双敏锐的眼睛,不但要能够准确识别

他人，在关键时刻利用眼睛控制来自对方视觉上的攻击，还要时刻善于伪装自己的真实身份。

一个名叫约瑟夫的FBI特工被一个异国杀手跟踪并试图刺杀，这名杀手故意制造了一系列事件造成和约瑟夫巧遇的假象，后来还刻意接近他，表示友好。约瑟夫识人的眼睛是经过专业训练的，这名杀手的眼睛凹陷，很深邃，有些许神秘，他在极力展示自己的友善眼神，但依旧无法掩饰那时透露出来的厚重的杀气。约瑟夫起了疑心，在与之相处的第二个星期五，他邀请该杀手来到一家酒吧喝酒，几杯酒下肚，约瑟夫在酒吧昏暗的灯光下就发现，对面那个善于做表面伪装工作的家伙在瞬间露出邪恶眼神，这使他更加确信之前的判断。"朋友，请告知我你的真实身份吧。"约瑟夫的眼睛直直地盯着对方，充满睿智且十分犀利的眼神，死死地刺在这名预谋杀手的身上。没过多久，这个杀手就按捺不住了，急忙将视线移开，压低了眉眼："不好意思，我不知道你在说什么，请允许我先上个洗手间。"说完，立即起身准备离去。但这时候已经来不及了，事前被约瑟夫安排好埋伏在身边的几个FBI特工就势顺利拦住了该名杀手的去路。

注意，当约瑟夫的眼神直直地刺向对面的那位杀手时，杀手"急忙将视线移开，压低了眉眼"，感觉已经被约瑟夫看透，脑子里的一举一动都被暴露在光天化日之下一般，紧张和恐慌在所难免，这就是撒谎的重要讯号。

通常我们可以随意控制眼睛的闭合状态，那是因为上眼睑（俗称眼皮）中有一种叫上睑提肌的肌肉，是专门上拉眼睑的，促使眼睛睁开，它可以通过人们的意愿加以控制。但还有一部分叫平滑肌的肌肉不受此控制，属于自主神经系统的控制范围，也就是说该类肌肉的运动属于神经系统的自觉运动。因此，人们在遭遇负面刺激的时候，会出现不自主的反应，而这些不自主的反应对我们分析一个人真实的内心状态来说，是非常重要的线索。

第二节　瞳孔的秘密

一说到瞳孔，也许很多人都会联想到眼珠子。而实际上，瞳孔只是眼珠子的一个构造部分，具体分析的话，眼珠子有瞳孔和虹膜两大部分，细细观察一个人的眼珠子，你会发现，眼珠最外侧有一圈环状的东西，这就是虹膜，而虹膜中间的圆心就是瞳孔了。需要注意的是，虹膜由众多平滑肌构成，不受人的主观意志控制，可以真实地反映一个人的心理状态。瞳孔最容易受到光线的刺激，在平滑肌的控制下，光线强时，虹膜中的瞳孔括约肌就会自动收缩，瞳孔变小；反之，光线弱时，瞳孔就会变大。

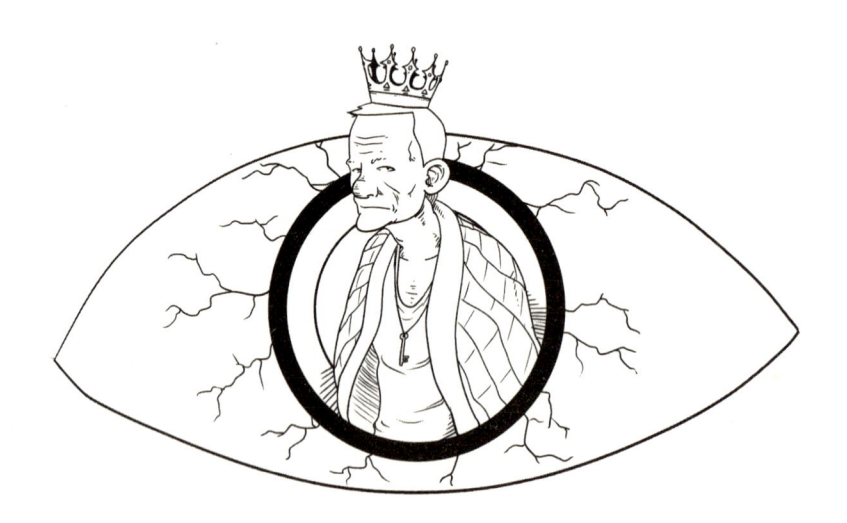

破案神探认为，情绪的刺激就如同外界的光线，能够带给瞳孔相类似的刺激。因此，当面对突如其来的恐吓时，当饥肠辘辘的流浪汉

第二章
当我与你四目相对

面对一块面包时，当女生见到心仪已久的白马王子时，当生日收到期待已久的漂亮礼物时……无一例外，他们的眼睛都会在瞬间睁大，瞳孔也好像要凸出来了一般；而在面对一个自己不喜欢的人、看不清楚或自己厌恶的事物时……人们的眼睛就会眯起来。

破案神探还发现，人类的眼部能够做出很灵活的反射性动作，眼睛周围的肌肉能够敏锐地判别来自外界的袭击，并及时对眼睛采取保护措施。当人们面对自己喜欢的事物时，愉悦的情绪调动大脑神经，眼部肌肉会立即发出指令，瞳孔放大。相反，在面对不喜欢的事物，或者感觉到疲倦、厌烦、懊恼时，瞳孔就会缩小，以便将对面的情况聚焦在眼前，更好地保护自己。

这使我们想起那些热恋中的男女，相见的时候，他们的眼睛都会变得很大，以此来向对方表示自己兴奋、喜悦的心情，而这个时候，对方也会将眼睛睁得大大的，做出回应。瞳孔的扩张表达的是一种满足感、幸福感，当两个恋爱中的人面对面的时候，他们是从心底感到快乐与幸福的。通过眼睛向对方传递爱的信号，在眉眼之间都会有某种兴奋情绪。这就是为什么有时候朋友会开玩笑说："你看你，一见到她就开始两眼放光！"

日常生活中还有这样一种现象：面对迎面而来的陌生路人，你其实很容易就能判断出对方是否在注视着你，而在你发现对方注视着你的同时，其实你也是在注视着对方的。这不仅仅是大致的方向感知，而且是十分确切的瞳孔对视，此时，若有一方转移视线的方向，另一方都可以很准确地感觉到，甚至有时候，在你的余光范围内，都能够感觉到有双眼睛在看着自己。

我们可以做这样一个实验，找一个人和你长时间对视，如果不是很亲近的人，超过5秒就很难再坚持下去，甚至出现笑场的情况，并且在这期间你们总会有话想说。如果没有什么想表达的内容，长久的瞳孔注视会使人失去思考的能力，从而进入一种"失神"状态，就好像对着一样物件发呆一般。

无语言的对视一般不会持续很长时间，要是陌生人的话，通常都会有一方首先转移眼睛注视的方向，这是为了避免进一步的交流（假如并非主动搭讪或问路），否则就会有点奇怪了。如果一个人不是近视眼，那么就可以通过观察他的瞳孔变化来做一些判断，比如，在看见你时他的瞳孔是不是下意识地缩小或放大，在排除外界其他客观条件干扰的情况下，若缩小表示不是很喜欢你的出现，如果是放大，则表示欢迎和对你的喜欢。那么，面对一个用嘴巴说着"我喜欢你，很欢迎你"，而眼睛瞳孔却无意识地缩小了的人，你就要注意了。

第三节　视线——折射内心

视线交流

瞳孔的注视，其实是视线交流的一种静态方式，也可以当作有效交流的开始。在日常交际中，视线的交流是彼此沟通的前奏。通常情况下，判断一个人是否对自己有兴趣，最直接的方式就是观察他是不是在看你，也就是说他与你有没有视线上的接触。倘若对方完全不看你（排除故意的可能性），就表明他对你没有任何兴趣。可是，当我们在大街上、在地铁上，如果真的有那么一个人一直盯着自己看，你反而会感觉不自在，甚至有的时候还会害怕。

破案神探经过特殊的训练，对眼睛的研究可谓深入透彻，在双方言语交流的过程中，视线的交流必不可少。瞳孔的对视实际上是在暗示"我有话想对你说"，同时也表达了希望得到你的倾听的愿望。那么，在进一步的有效交流中，瞳孔就会发生一系列的变化，因为在对话中，很可能会出现一些不同的情绪，比如喜悦、愧疚、害羞、不屑、厌恶、尴尬等，其中一方很可能会首先取消瞳孔的对视，将视线由另一方的瞳孔转移到其他事物上，但这并不完全是消极情绪的反应。

在破案神探的特训中，被录用者在初期接受训练的时候，会发现那些破案神探前辈在给自己做专业培训的时候都很注重一个细节：他们在面对众多的培训者时，会时不时地将视线从某个人的身上转移到

另一个人的身上，几乎在场的每一个培训者都能感觉到他们的视线在和自己做单独的交流，深感自己是被重视的，学习的劲头和热情也会因此而高涨。这就是视线转换的技巧，留心观察的话，这样的视线交流正被大学教授、大会做演讲报告的领导人所应用呢。当然在更多的时候，视线的投射还与人的性格有一定的关系。性格内向的人在与人交谈时往往很容易移开视线，不会将自己的视线长久地停留在对方身上。

而在初次见面与人交谈时，首先移开视线的人，是想控制话语的主动权，并希望在谈话中处于主导地位；如果是初次见面的异性，视线交接后很快移开则表示的是对对方很有兴趣。

另外，身在职场，我们最常见的一种视线交流在上司与下属之间，习惯性的视线投射是，上司由上而下对下属投来目光，而下属的视线则是由下而上的。这样，上司会在心理上产生一种威严得到维护的优越感，这其实与职位的高低也有一定的联系。

值得一提的是，视线交流在异性交流中有着十分微妙的现象。假如你是一个年轻英俊的男士，在等电梯的时候忽然看见远远地走来一个与你年龄相仿的漂亮女子，这时候你的视线会有什么样的变化呢？会一直用眼睛盯着她，还是把头转开？我相信你一定是把头转开的,除非你对这个美丽的女孩子没有多大的兴趣。破案神探总结说，男性在面对自己比较心仪的对象时，常常会基于强烈的压抑而对自己施加自制指令，如果想要看清对方外貌的欲望越来越强烈，这时候会用眼睛偷偷地"瞄"对方一眼，想利用这"余光"来观察对方有没有在看自己，也是想知道对方对自己有没有兴趣，这种想看又不愿意让对方知道的心理，在年龄相仿的异性之间常常有种极其微妙的感觉。

如果对异性瞄上一眼之后，又将视线移开或闭上双眼，传达的就是一种"我信你，并不怕你"的身体语言讯号，这也是对对方的一种尊重与信赖，据此也可以判断，迅速将视线移开的一方必定对另一方发生了兴趣。如果是女性首先转移视线，那此时，只要男性主动，那么两人交往的可能性还是很大的。

有一种说法是"对你撒了谎的人通常不敢看你的眼睛"，但事实如此吗？人人都会撒谎，但要做到谎言不被识破，并非一件易事。因为谎话出口时，多数人都有担心被识破的忧虑，于是在表面上就会显得更加谨慎。比如，当普遍认为撒谎的人是不敢看被欺瞒对象的眼睛时，很多有经验的人为了掩饰自己，常常会在说完谎后直视对方的眼睛，因为他们深谙其中的道理。心理学家也指出，绝大多数的说谎者都不会刻意避开对方投过来的目光，不仅如此，他们还会牢牢地注视着，定定地看着对方，希望以此来证明自己说的话千真万确。所以，通常在说完话就一直看着你，并且这种眼神分明有别于正常情况的时候，就必须要引起你的注意了，对方很有可能是在说谎。

视线阻断

视线阻断是指，用一定的障碍物来阻挡自己的视线，这里的障碍物可以是身体的某些器官，比如手、手臂，最容易的也是最常见的就是眼睑了，也或者是身边随手可及的物体等。通常情况下，一个人做出视线阻断可能是积极的享受，譬如在细心倾听一首优美的钢琴曲时，

闭上眼睛表示很享受，也可能是因为受到了消极的刺激。这条线索也成了破案神探在工作中发现蛛丝马迹的重要依据。

破案神探执行任务的时候常常会遇到麻烦，对于那些嘴硬的犯罪嫌疑人，要想从他们的嘴巴里得出一点有价值的东西，有时候简直比登天还难。一次，FBI特工奉命跟踪调查一个涉嫌恐怖行为的疑犯，但收集到的资料还不能对该嫌疑人定罪。而实际上，之前已经有FBI特工向当局提供了相关情报，无奈之下便对该犯罪嫌疑人进行了秘密逮捕，FBI准备面对面进行审讯。但审讯一开始就不顺利，该犯罪嫌疑人表现出一副什么都不知道的样子，所做的回答也是滴水不漏，如果不是有先前的情报证明，特工们会真的以为这是一个可怜的无辜者。一番审讯下来，一无所获，眼看已经没有办法了。最后，一个名叫道格拉斯的FBI特工决定对其再次审讯。这一次依旧如此，犯罪嫌疑人说的话依旧无任何变化。可是，有一个小小的细节却没有逃过道格拉斯的眼睛：接受审讯的嫌疑人在说话的时候，道格拉斯就一直注视着他的眼睛，本来内心自信可以逃过此劫的嫌疑人越来越沉不住气，在与道格拉斯对视的某一瞬间忽然将视线移开，还眨了眨眼睛并看向了地面。道格拉斯抓住这一破绽立即追问，最终撬开了嫌疑人的嘴巴。

破案神探认为，一个恐怖的画面，乃至一个具有威胁性的问题都可能使一个人产生视觉阻断行为。最常见的眨眼和闭眼其实就是视觉的阻断行为，如果再细致一点区分，瞳孔的缩小也算是视觉阻断的一种。下文将主要讲述眨眼和闭眼行为。

每个人的眨眼频率和方式都不相同，平均起来，一般正常人眨眼的次数每分钟不会超过15次，在眨眼的瞬间，眼睛是接收不到任何来自外界的信息的。相信生活中很多人都有这样的经历：在观看一场精彩的电影时，会睁大了眼睛盯着屏幕，担心哪怕一次眨眼都会错过关键性剧情。其实人类可以择时眨眼，也就是说，正常情形下，人们可以自己控制眨眼的时间点和次数。然而，在紧张的心理作用下就很难准确控制眨眼的时机，并且平滑肌也不受人的思维控制，一旦产生心理作用便会出现眨眼。

如果排除一切外界因素（风吹入或微小尘埃进入眼睛等），忽然之间的眨眼或者是高频度的眨眼，代表的心理信息是，既想要本能地阻挡视线，又要努力睁开眼睛持续保持对当前情境的理性关注。也就是说，在遇到为难的问题时，多数人会眨眼或提高眨眼的频度，这多半是因为当事人不愿吐露实情而选择使劲眨眼，以便缓解不适感。研究发现，眨眼或眨眼的频度提高一般都会伴随着视线的转移。假设你是一名主考官，现在你正在面试一个应聘者，你拿着应聘者的简历问："你在简历上说你会四种国家的语言，那么，请你为我讲述一下巴基斯坦语种的某些细节，刚好我这阵子正在研究这种语言。"（同时面露十分感兴趣的神情）如果这位应聘者的简历信息完全属实，那么他会很乐意为你讲解几条他认为比较有趣的情景问候语，但如果在你说完话后，他的眼睛忽然快速眨动起来，持续数秒后依旧不开口说话，或者干脆不看你的眼睛，那他很可能是提供了虚假信息。因为这时候的他要想隐瞒实情，就必须要捏造出一些虚假情节来，这必定要经过一番思考，又不能在思考时闭上眼睛或一直盯着某处"发呆"，只好眨眼。

另外，在与人交谈的过程中，如何判断对方是否对当前的话题感兴趣呢？如果一方的眼睛在眨动的时候会不自觉地延长间隔时间，并且每次眨动后拉长闭合时间，并远远大于正常情况下的 1/10 秒，那么这个时候你就需要换一个话题了，因为对方正在向你发出一种信号：我已经不想听了，这个话题真的很乏味。

所以，若对方总是延长眨眼的间隔时间，那便是不感兴趣的信号，换个话题是最好的选择。如果再不行，你就可以反过来，在他多次闭眼后（大约三四次之后）改变一下自己的位置，让他再次睁开眼睛的时候，在原来的地方找不到你，促使他惊醒，知道你对他这样的表现很不满意。

也有时候，一些人刻意用延长眨眼的间隔时间来显示自己高人一等，带有某种漫不经心的味道，这些人一般是比较清高的，或认为自己没有得到应有的重视，因此就用这样的行为来表示自己的不屑与不满。

当然，眨眼所传递的并不一定都是不好的讯息。喜欢向别人眨眼的人一般是比较开朗活泼的，相信自己的魅力足以感染他人，信心十足，追求时尚，有很强的表演欲望。但是这样的人过于重视自身外在的魅力，而忽视了内在素质的培养，一旦某天外在的魅力消失了，而他又不能很快找到新的自信支撑点时，就很难再找回自信了。

假如一位女士总爱向异性眨眼，那就表明她是在暗示她对这位异性很感兴趣，不过，这样的女性一般都是比较开放的人，没有女性固有的矜持。如果是男士向女士微笑着眨眼，表明他是一个很随和并且十分自信的人。不管是对自己的才学还是外貌都有充分的自信心,相信自己的一举一动会打动对方的心。所以这样的男性即使在别人看来并没有多么优秀的外貌,但他的自信已经足以彰显自身的魅力了,在多数人的眼里他会是一个不折不扣的绅士。

第四节　不同方向的眼球滚动

不管是视线的交流还是视线的阻断行为，其中都伴随视线的转移运动，而视线的转移其实也就是眼球的滚动。一般眼球滚动到哪个方向，视线就跟着投射到哪个方向。那么，不同方向的视线又代表着哪些心理呢？

一个人在视线上移的时候一般有以下几种心理特征：一是把自我放在一个较高的位置上，表示不屑一顾、轻蔑的意味；二是置身事外，表明此事与自己无关，往往是在开脱责任，假装被冤枉的无辜感；三是事先没有预想到该种情况的发生，并开始在大脑中进行设想。因此，当视线向上，即眼球向上翻动的时候，表示的往往是对于未来画面的

第二章
当我与你四目相对

联想，爱幻想的人就经常一边用手托着下巴，一边上翻眼球，这是一种对未知内容的想象。

那么，当视线向下，也就是眼球向下运动，代表的则是另外一种含义。研究证明，眼球向下滚动表示的往往是一种承受心态，通常是一种比较负面的心理，像愧疚、自责、怨怒、心虚、忧伤等。和向上滚动的眼球表达的逃离意愿不同的是，向下滚动的眼球的潜台词是"我不想逃避，能撑到什么时候就撑到什么时候好了"，试图蒙混过关或被彻底揭穿。而那些羞答答的女孩往往也习惯于将眼球向下滚动，因为害羞实际上是担心获得对方的反馈信息，多半是害怕接收到否定性信息，可实际上还在期待着积极的正面信息。

眼球除了上下滚动外，还经常左右运动。虽然眼球的左右运动破坏了一贯的礼貌对视，但其中暗含的信息也有足够的能看透对方内心的价值。眼球的左右滚动可能是有意为之，也可能是因为个人习惯，因此与是否说谎没有十分必然的联系。但这在一定程度上打破了正在进行的正面交流，也许是为更好的交流做准备，也可能是因情绪引起，比如不高兴、不感兴趣、讨厌等。

研究证明，眼球处于左上方代表的是回忆，如同在某部相册中寻找相关相片。眼球习惯向左上方转动的人，喜欢回忆往事，他们总是会记得昨天自己做过哪些有意义的事情，吃过哪些好吃的或不好吃的菜，见过哪些美丽的风景，"昨天见面的那个人其实还好，要是当时我主动一点，说不定还可以和他成为朋友呢"，等等。他们通常在说"我去过很多城市，像丽江、景德镇、三亚……"的时候，眼球都会习惯性地向左上方转动。这样的人对过去事情的感知尤其深刻。与这样

的人交往需要耐心，他们属于慢热型，常常在事后才会醒悟，发现缺点，并进行改正。眼球转向右上方代表的是创新，即在大脑中绘制新的画面。

眼球处于右下方代表的是内心的感受、身体的触觉、情感的触动等。当一个人眼球处于右下方的时候，多半是在进行自我感受，或许是在独自郁闷，或许是在品尝人生的滋味；习惯将眼球向右下方转动的人，心思细腻，疑心较重，考虑事情一般比较全面，很注重内心的感受、身体的感知等。在与这类人相处时要特别小心，最好不要与这类人有金钱上的瓜葛，以避免不必要的麻烦。

眼球处于左下方表示的是听觉，一个人如果塞上了耳机，完全陶醉在美妙的旋律中，在旋律中关注自我，这时候眼球通常会放在左下方（当然这也要因人而异）。说话时，如果你看见对方将眼球放在了左下方，那就表明他对目前的谈话已经不怎么感兴趣了，他所关注更多的是自己，现在或许正想着要怎么适当地结束这场谈话呢。习惯将眼球向左下方转动的人，是非常有想象力和思考能力的人，他们会把生活和工作安排得有条不紊，喜欢自由自在的生活方式，时常会停下来对自己说话。在与这样的人交流时，不能对他们施加太大的压力，并且要尊重他们的空间，彼此坦诚相待才能有更加深入的人际关系。

观察一个人的眼睛时，眼球转向的不同方向表示的是不同的内在含义，一个在回忆着往事的人，通常不会将眼球向右上方翻动；一个正畅想着未来的人，也不会将眼球向下方转动……可见，通过观察一个人的眼球滚动情况也是探秘其内心、了解其性情的重要手段之一。

第二章
当我与你四目相对

据此，需要我们注意的是，在一场对话中，一个在认真听你说话的人，眼睛通常不会上翻，更不会轻易乱动，除非是外在因素，或者是为了下一步更好的交流。眼球移动的每一个方位都代表着一种意义。如果面对的是一个懂得观察眼球的谈话对象，你的眼球将会向他泄露你的秘密，告诉他你在想些什么，即使你嘴上并不是这样说的。

在破案神探的工作过程中，细心察看眼球转动的方向，并据此判断对方的内心想法常常是其比较偏爱的手段之一。

隐藏了真实身份的FBI特工克里斯蒂安搬到了一个新的住处，并很快和街坊邻里熟络起来，在来之前，他就知道这里有一个叫马库斯的人，生性顽劣，表面上一副无所谓的邋遢模样，但实际上FBI已经怀疑他是最近兴起的一个恐怖组织的成员之一。克里斯蒂安与这里的每个人都很友好，当然也包括马库斯。一个星期后，小区附近再次发生了汽油爆炸事件，伤及者包括管理人员在内有5名，另外有一个不到8岁的小男孩抢救无效死亡。

克里斯蒂安怀疑是马库斯及其同谋所为，事发第二天，克里斯蒂安前往马库斯的住处，要求与其聊聊天。马库斯欣然表示欢迎，强挤出来的笑容一眼就被克里斯蒂安看穿了。随后两人便交谈起来，克里斯蒂安说："昨天我本来打算开着我的越野车去郊游，却突然发生了那该死的爆炸事件。但所有的装备我都备齐了，太可惜了！""噢，我也替你感到遗憾！"马库斯说话的时候并没看克里斯蒂安，这点克里斯蒂安已经注意到了，于是他接着说："不介意我明天邀请你一起前去吧？""这……恐怕有些不太方便，我最近不是很舒服，一直在家里

休养。"马库斯回答说,说话时眼睛并没有看克里斯蒂安,并向右上方瞟了一眼,而说完随即就看向克里斯蒂安,似乎在等着克里斯蒂安的回应。

实际上,这是撒谎高手惯用的把戏——因为撒了谎而刻意保持注视,一是想表示自己说的是真的,二是想看看对方听后的反应。"很抱歉。想必你昨天也一定在家里休养,是吗?"克里斯蒂安也看着马库斯问道。"是啊,一直在家里。"克里斯蒂安留心观察到,马库斯在说话的时候眼睛又一次地先向上,而后转向了右方。丰富的经验告诉克里斯蒂安,马库斯说谎了。至于他为什么要说谎,一定与那起爆炸事件脱不了干系。

破案小视窗:凭借眼神揪出恶魔

在美国历史上,曾经出现过一个极为恐怖的杀人不眨眼的恶魔,这个恶魔一连制造了数桩离奇的血案。这个杀人无数的狂魔开始的时候化名雷欧,在各种报纸杂志上刊登启事,谎称自己是一名雕塑家,现在急需一批模特,报酬面议。这对于一些还没踏入社会的年轻漂亮、身材又好、怀揣明星梦的女孩子来说简直就是一个难得的机遇。于是没过多久,很多美丽的女孩子就主动找上了雷欧,希望得到成名的机会。

后来,当初步计划顺利实现后,他把这群女孩子带到一个偏僻的地方,说是艺术工作的需要,要求她们脱光衣服,站在他的面前。而后的事情可想而知,雷欧又顺利地对她们实施了强暴,为了防止个别

第二章
当我与你四目相对

女孩将事情真相说出去,他杀害了每一个被自己强暴过的姑娘,这使得案件一直处于扑朔迷离的状态。警方接到众多失踪者家属的报案,但没有确切的证据就无法对雷欧进行逮捕,雷欧一直逍遥法外。

作为FBI特工,面对这样的案情,自然责无旁贷。查尔斯算是当时比较有经验的老牌FBI了,他在第一时间介入此案,并要求警方将犯罪嫌疑人捕获,对其进行审讯。

面对拒不承认犯罪事实的犯罪嫌疑人雷欧,查尔斯将事先收集来的那些女孩的应聘照片摆了出来。不出查尔斯所料,当雷欧看到那些被害者的照片时,眼睛向上翻看,试图表示这些人与自己一点儿关系都没有,但同时依旧避免不了他那忽闪的视线和不停翻动的眼球,查尔斯判断,雷欧一定在说谎,于是步步紧逼,最终,雷欧对杀人经过供认不讳,被判有罪并执行死刑。

第三章

破案神探教你超强身体语言破谎术

身体语言也叫非语言，在一个人什么都不说的情况下，你也可以从他的举手投足间寻找到你想要的东西，很多时候这比语言还要可靠。破案神探观察一个人的手就可以判断其基本性格。人在撒谎的时候会有哪些小动作？你相信手也可以演绎情绪吗？握手，又有哪些值得注意的地方？如何才不会被他人抢占优势？另外，如果你想揭穿某个人的谎言，关于腿脚的动作千万不能放过，不管是坐着，还是站着，腿脚上的小动作简直太多了，它们并不复杂，只要你懂得这些小动作，谁还欺骗得了你呢？什么是躯体距离？这中间有什么讲究呢？如何根据躯体距离的远近判断一个人是否愿意接纳你？

第一节　静观其手

有时候身体语言比口头语言更加可靠，就像一个杀人犯在接受审讯时，口口声声说自己是被冤枉的，甚至从未见过受害者，那么当警方问及他当天的行踪时，他说："我一直沿着公路的人行道行走，右转进入一家奶茶店，买了一杯奶茶后再右拐就回家了。"这样的说辞似乎无懈可击，但破案神探发现，这个人在说"右转进入一家奶茶店"的时候，手却打了个向左的手势。虽然不明显，但是细心的特工还是看出了这个破绽。也就是说，在一个人撒谎的时候，身体语言往往正在充当揭谎者，这就是身体语言的秘密。

"我手写我心"的奥妙

一双充满魅力的手，总是会引发人的无限遐想，这双手的主人究竟是一个什么样的人呢？优雅高贵的女性总是会善待自己的双手，那光洁的皮肤、修剪细致的指甲似乎正是一个人品位和教养的写照。还记得《飘》中的主人公郝斯嘉，在经历过一段南征北战的岁月之后，手心横生老茧，并且骨节粗大带有细微的伤疤，当她试图用化妆品粉饰出过往的美丽模样来引诱白瑞德时，正是一双这样的手使她露了馅。

通过观察一个人的手，首先可以看出他关心的是什么以及他所关心的程度，这也从侧面表明一个人的内心。因为工作的需要，破案神探常常需要与各种各样的人打交道，观察他们的手，就可以以最快的速度了解和亲近一个人。

所以，资深的破案神探在给新人培训专业课程时就指出，这一点需要与手相区别开来，稍不留意就会混为一谈。比如，那些把指甲修理得整齐且修长的人，与那些总是有着参差不齐的指甲的人比起来，显然前者给人的印象总是比较好，后者给人的则往往是一种邋遢的感觉；不仅如此，观察一个人的手指还可以大致看出他所从事的职业范围，比如，手指修长且在指尖上留有厚厚的茧的人，多半是从事乐器演奏之类的音乐工作者；而那些手指比较粗糙僵硬的人，从事的有可能就是体力方面的工作；站立时习惯将双手的手指并拢放置在身体两侧的人，往往是受过军事训练的人。

同时，那些手指修长且纤细的人，往往是相当敏感的一类人，喜欢对一些事情进行无缘由的怀疑与想象，然后又会自寻烦恼，通常感情世界很丰富，情感细腻；相反那些手指粗且短的人有较强的责任感，做事有始有终，不拘小节，积极向上；喜欢留着长指甲的人，通常有很强的占有欲望，并时刻准备去争取自己想要得到的东西，容易招惹是非；那些喜欢涂着简单的指甲油的女性比较爱美，但是在性格上又不会太张扬，相反如果是涂着比较花哨的指甲油，则说明这类女性很有表现欲望，并希望得到旁人的极大关注。

那些习惯将双手手指紧紧合在一起的人，会经常处在一种矛盾不安的情绪中，感性与理智常常交战，但却可以很好地掩饰内心情绪的波动。

喜欢紧紧握着双拳的人，在生活中往往缺乏安全感，有很强的自我保护意识，容易冲动、恐惧、紧张，但又很会关心体贴他人，善解

人意并且有同情心。在他们的世界里，也许"人不犯我，我不犯人；人若犯我，我必犯人"已经成为他们的底线了。一些人习惯将左手放在右手的上面，这类人往往是比较感性的，会依靠自己的直觉来判断一些事情，并且在日常生活中习惯用左手做事；而习惯将右手放在左手上的人，则比较理性，做事时会充分尊重客观规律的作用，在日常生活中习惯用右手做事。

习惯将双手放在背后的人，多是沉稳老练之人，为人比较小心谨慎，一颗防人之心时刻都会保持着高度的警惕。在日常生活中，我们常常会见到一些双手放在背后、昂首挺胸、阔步向前的人，也许你会猜测，他会不会是某个领导人呢？没错，这样的姿势往往是政治家惯用的姿势。

如果是少女，双手放在背后的同时一只手紧紧抓住另一只手的胳膊或手腕，这是紧张心理促成的不自觉的姿势，并且注意观察还会发现这样的姿势普遍出现在害羞的少女身上，而且手握另一只手臂的位置越高，说明她的心里就越紧张、越害羞；如果你留心观察，还会发现，男孩子在害羞的时候比较喜欢把手放在后脑勺上。有时候伴随这个动作的往往还有双腿的伸展，同时身体也会向后仰去，这时代表的就不是害羞了，而是全身的放松，也可能是戒备心的产生，用这样的动作来阻止他人的接近。

最常见的拍照手势当数"V"字形手势了。"V"是英语单词"Victory"的首字母，"Victory"代表的是胜利。所以，喜欢做出这种手势的人有着自信、乐观并且积极向上的性格，同时在该手势的旁边一般不难看见一张笑容灿烂的脸。

不安分的手

手指的动作很多，每一种动作表现出的心理特征也不一样。婴儿常常会有吮吸手指的动作，一方面与父母的教育方式有一定的关系，另一方面也说明其实在婴儿的世界里也会有无形的压力，当婴儿饥饿、缺乏安全感或面临压力时，就会通过"吃手指"这一动作来缓解内心的焦虑情绪，时间一长，这种动作就会成为一种习惯。在成人的世界里也会经常见到这样的情况，一样说明了当时人们内心的紧张、焦虑情绪。

通常一个自信心十足的人，不会轻易将自己的手隐藏起来，有时候还会很自然地将双手指尖相互交叉放在下颌的下面，这个小动作的潜台词就是"我很自信，一切都难不倒我"。同样表示高度自信的还有大拇指，我们在生活中常见的一个手势是竖起大拇指，表示对一个人的啧啧称赞和佩服，并且还会说上一句："你真厉害，佩服佩服！"竖起的或露出的大拇指表示的是一种肯定，也给旁人一种十分自信的感觉。另外，一个人是否习惯于外露大拇指，还与其身份地位以及当时所处环境的舒适度有一定的关系，因为大拇指往往象征着权威和地位，也正是因为自信，大拇指才会"跃跃欲试"地想要出来出出风头。

假如是在对话或演讲的过程中，为了表示当前高度的自信和对话题的强调，有的人还会做出尖塔状的手势，即左右手十指张开并相应地合在一起，指尖合并，手掌分开，看上去就像是一座教堂的尖塔，表示的是毋庸置疑。丰富的表情配合多样化的手势，让人在不知不觉中就受到感染，精彩至极；相反，一个高度不自信，担心别人随时发

现自己小秘密的人，就会在说话时变得小心谨慎，他也许是对自己没信心，对所谈论的内容没什么把握，甚至有所保留（即说了谎话），因担心露馅而不敢做太多的手势，双手原本自信的动作就会瞬间停止，大拇指很快消失并紧紧"蜷缩"在手掌里。如果你留意到一个人的手势有这样的变化，那么很有可能是由其内在突变的心理状态引起的，或许是遭遇了一件十分糟糕的事情，也或许是说了一句不该说的话，导致身体在瞬间感觉到压力和不适等。

双手十指交叉并紧紧地攥在一起，有时候还做来回摩擦状，破案神探认为这是紧张不安和受压的信号。该动作正是当事人用来缓解压力的，当然，来回摩擦也可以是一种急迫的、跃跃欲试的心情，如果动作缓慢，也有可能是难以抉择的犹豫。

破案神探同时也发现，一个人在受压的情况下很容易产生局促感，试着观察一下那些照片中的人，是不是有很多人似乎习惯性地将双手放在口袋里呢？不同的是，有的人将大拇指插进去，而有的人是将其余的四根手指插进去。可别小看如此简单的一个姿势，这里面暗含的心理秘密是完全不同的：习惯露出大拇指代表的是自信、轻松的心态；而藏起大拇指则表示拘谨、不放松的心态。如果涉及身份地位，那么，大拇指往往传达的是高高在上的身份权威，而消失的大拇指则是群体地位处于较低的代表。

那么，如何从一个人的手部小动作看出他是否认同你并愿意接近你呢？其实也很简单，当你们在对话的时候，如果你看见他一手握拳，另一只手的手掌则不停地拍击着拳头，或者是将两手交叉、双肘支撑在桌子上的时候，则表明对方有拒绝你的意思，如果这时候你要提出什么要求的话，那就最好打住吧；同样，如果发现对方将指尖放在鼻子上，并且不断地触碰，一样是表明他在你们所谈论的问题上已经产生了怀疑，并且这个时候他一定是在想着要怎样拒绝你；倘若对方的手指放在鼻子的下面，则表示他的心里产生了不愉快；表示类似拒绝的动作还有，将手放在上衣的口袋里或者是裤兜里，这代表的是一种戒备心理的产生，同样属于拒绝的态度。

那什么时候是表示友好并愿意接近你呢？当你发现对方将双手摊开放在桌子上，或者是手腕不停地转动着，这不仅表示对方对目前话题的兴趣很浓，也说明他正处于极度的放松状态，并且已经在内心接受了你，因为对当前的话题产生极强的共鸣，对方的手势都有极大的转变（呈现出积极的心理状态）。

爱搞小动作的手

破案神探研究这些关于手的信息可不是没有目的的，他们不仅需要读懂一个人通过手发出的内心讯号，还要留心这个人有没有在说假话。这也是研究肢体语言的重要意义所在。

一个人在说话时不停地摆弄着手边的一些小东西，如果不是因为害羞，那就是他内心焦虑、不安的一种表现。根据当时的交流环境，也可能是他对谈话的内容感到无聊，心不在焉并且不重视这次谈话。很多时候因为客观因素的制约，而无法与对方有更多的语言交流，但只要细心观察一下对方的手以及手上的一些小动作，就可以大致猜到对方在想些什么了。面部表情可以做内心的显示器，手部小动作也同样可以！

当一个人说谎时，他的手可就不安分了。因为紧张，害怕被识破，便会下意识地做出一些小动作。可别小瞧了这些小动作，因为通过这些小动作可以缓解当事人内心的不安与担忧，这很可能就是一个人说谎的征兆。这一信息对于判断犯罪嫌疑人是否说谎很有效。比如，抚摸额头（不排除疲劳的可能性），最常见的是摸鼻子、摸嘴巴、触摸颈窝等，有的人还会将双手手掌摊开放在膝盖上来回地摩擦，在说话的时候如果伴随这些动作，那很可能就是对方没有讲出实情。

触摸、遮掩锁骨也是值得留心的小动作。心理学家发现一个很有趣的现象，很多女性在感到不安的时候，多半会抚摸自己的锁骨，或者把玩戴在胸前的诸如项链一类的饰物。据此进一步调查发现，那些没有说出实情的女性几乎都会做这样的动作。

黛安娜是一个开朗外向的女孩子，她总是喜欢结交那些与自己

第三章
破案神探教你超强身体语言破谎术

有相同爱好的朋友。一个周末的午后，她邀请几个伙伴到家里来聚会，刚好这个周末老爸和老妈去了附近的沙滩度假。一群孩子在客厅里玩得很开心，但不幸的是，一个叫贝利的女孩子把摆放在客厅沙发边上的花瓶打破了，贝利明白这下是闯祸了，因为黛安娜的父母一直都不是很喜欢贝利，现在她又把黛安娜爸爸最爱的古董花瓶打破了……黛安娜也惶恐起来，因为聚会本来就是背着爸妈的，这下可就再也遮掩不了了。想到这儿，贝利和黛安娜再也没有心情玩耍，聚会最后也草草结束。

黛安娜等大家都走后，把花瓶碎片仔细收好，一想到爸爸那严厉的面孔，黛安娜就感到害怕，于是她决定将这件事蒙混过去。当天晚上，黛安娜的爸妈回到家已经是半夜了，客厅沙发边上依旧摆放着花瓶，只不过那是黛安娜为了不被责骂而从街市上买回来的假货，似乎一切风平浪静。但纸终究包不住火，有一天一家人正在看电视，黛安娜似乎已经忘记了这件事，忽然爸爸一声大喝："黛安娜，你给我说实话，这花瓶到底怎么回事？"黛安娜一惊，冒出一身冷汗，她望着眼珠子似乎都要蹦出来的爸爸，小声回应："不关我的事，我什么都不知道啊。""一定是你，要不就是你的朋友，是谁？你知道这个古董花瓶价值连城，谁打破的谁就得负起责任！"显然父亲根本就不信黛安娜的话。此刻的黛安娜已经面红耳赤，两只手不停地把弄着衣角，她担心的一天还是来了。妈妈在一边按捺不住了，急于给女儿解围："瞧你把女儿吓得，是我在前天擦地板时不小心弄碎的，不是怕你发脾气嘛，还没来得及告诉你。"妻子在说话的时候将一只手放在了性感的锁骨上，那上面还有生日时丈夫送给自己的铂金项链。黛安娜也因为过于

紧张，眼神忽闪，两只手不知所措。注意到这个细节，爸爸更加确信是黛安娜所为了，黛安娜最终不得不说出实话。

类似的情况在警官审问罪犯时也常有出现，当嫌疑人感觉到情势渐渐对自己不利的时候，心理上的紧张与焦虑迫使他身体上产生不安全感，尤其当周边无遮掩物时（没有桌子、口袋、书本、玩具等可供把玩的物品），手便会显得无所适从，脖子渐觉发热，于是便下意识地将手指放在锁骨部位，似乎这样就为自己设置了一层保护屏障，实际上一切都是心理作用。

锁骨是人体中最为薄弱的部位之一，当说谎者企图掩饰实情，或感觉到周身存在某种紧张不安时，总会试图将最敏感的部位遮掩起来，比如锁骨、颈部，以便从心理上减轻来自现实和想象中的威胁性压力。但该动作往往在女性中比较常见，而如果是男性，类似触摸锁骨的动作会转变为拉扯衣领。

大多数男性似乎都对带有衣领的衣服都情有独钟，这也不是没有道理的，西装革履的男性往往更具有成熟的魅力，但被旁人忽略的一个细节就是他们几乎很喜欢拉扯自己的衣领。同女性喜欢在有所隐瞒的时候触摸锁骨的道理类似，他们也会在说谎话的时候用拉扯衣领来缓解不适。心理学家证实，一旦情绪处于焦虑状态，人的颈部便会产生异样的感觉，说谎的人在特定心理压力的作用下，不适感很强烈，很多人借口松松紧绷的神经、透透气来拉扯衣领，以便缓解这种不适感。实际上，与其说是为了"透透气"，还不如说是"解解压"。因此，拉扯衣领的动作已成为心理紧张，尤其是隐瞒实情的一大标志。

值得注意的是，如果只凭借一双手就断定谎言，还是不可取的，教条主义很难在实践中立足。因为一些人可能只是因为习惯，而并非说了谎话，还有些人说了谎话但自己没有感觉，他们说得内心坦荡，不会感觉不自在，当然也就无所谓小动作了，正所谓因人而异。所以，要想明白究竟是不是谎言，还要根据具体场景做具体的分析。

破案神探研究总结得出，紧张不一定是因为说了谎话，但是一般人在说了谎话时基本上都会出现不同程度的心理压力，比如紧张、不安、想办法以谎圆谎等，那么在肢体语言方面就会出现泄密行为。譬如轻抚下巴、嘴巴、触碰额头、触摸鼻子（研究显示，男性的鼻子里有一种很特殊的物质，被称作海绵体，一旦说谎，鼻子就会产生不适感，需要用手揉搓，才会缓解这种症状）等。

需指出的是，倘若一个人在说话时用手抵住胸膛，就表示他对当前所说的内容极其投入，一般情况下表示这个人说的就是实话。

总之，交叉的十指带有自我保护的意识；手指触摸鼻尖是言语间有所保留或者不自信；手掌不停摩擦脸颊是对当前话题不感兴趣；拉拽衣角是女性特有的害羞的表现；用手捂住嘴巴表示不愿透露真实想法；双手玩弄指甲则是不愿倾听的暗示，并正在专注于自我的内心世界……

这些存在于手指间的小动作几乎是下意识而为之，流露出的情绪和内心信息有的时候则因人而异，但只要我们认真观察，全面结合，就不难读懂自己，也能更加懂得他人，因为手本身是不会撒谎的。

双手的情绪

有一个很有趣的脑筋急转弯：请问世界上总共有几家洗手间？被问者往往认为这是什么问题啊？难道我还要为了回答你的问题而去详细调查一下？但得知答案后又会恍然大悟：世界上只有两家洗手间——男洗手间和女洗手间。

放松紧绷的神经，破案神探又要继续为我们解读手势的秘密了。我们也可以这样说，手势其实也只有两种：表达积极情绪的手势和表达消极情绪的手势。

就像前文中所说的，那些在说话时喜欢加入丰富的手势的人往往是高度自信的人，他们希望通过自己精彩的演讲让对方彻底理解他所要表达的意思，并且对自己目前所表达的内容有确切的把握。但是，试想一下，如果在我们几乎都已经习惯了这样的动作之后，它却突然消失了，想必那种自信满满的感觉也会随之消失吧。

这就是积极手势与消极手势的角色转换。

积极的手势，也就是在高谈阔论的时候加入的一些精彩的手势动作，可以帮助对方理解我们所要表达的意思。它所传达的是一种积极的信号，表达的是一种积极的心理状态。一个精彩的魔术表演、一场酣畅淋漓的演讲、一出活灵活现的模仿秀，表演者将内心的积极因素传达给观众，观众也总会在最精彩处给予最热烈的掌声。

与积极的手势相对应的是消极的手势。当人们感觉到周围的不友好，或者是处在一种紧迫、约束的状态下时，情绪就会由积极转向消极，这个时候双手就是最灵敏的显示器。消极的手势传达的是消极的信号。

一个喜欢将手藏起来的人是不自信的，因为他不能保证自己的真实想法不被双手出卖。

手是人体中较为灵巧的一个部位，当我们的大脑感觉到压力或威胁时，它会诚实地做出一些条件反射式的回应。例如，一个人在极度紧张、恐惧的时候会双手颤抖，有的时候根本是不受人自身控制的。

破案小视窗：握手，感知真诚的重要途径

握手在最初并不是一种礼节，而是为了证明彼此手中是否持有武器，以便保证在谈判过程中的人身安全。但在当今的日常生活中，握手成了一种礼貌，有时候还是一种很微妙的身体接触。对于初次见面的人来说，握手也是进一步交流的前奏。如何通过一次"握手"判断一个人是否真诚呢？

FBI认为，握手的几个重要关注点分别是关注性、力度、时间长短以及大拇指的位置。

一个成功的握手，也是积极手势的一种。相信很多人都希望初次见面能给对方留下一个良好的印象，假如需要握手，那就要把握

好这个机会，传达给对方积极的信息。FBI在长期的工作经验中总结出几种常见的握手方式，以及各种握手方式下不同的心理状况。

第一种是纯粹礼节性的握手。这种情况多半出现在双方都不知道对方会出现，对于毫无预兆的到来，这种握手代表的仅仅是一种简单的招呼。时间短、力度小、一触即散的礼节性握手在异性中间尤其短暂，大多数不会触及手心，一般都是轻碰手指即可，它表示的是双方暂时无更深的接触，继续保持各自的独立，是否进一步交流还有待观察。

第二种是双方渐趋平等的握手。有了一定的了解之后，并相互认同（哪怕只是听说而并未见过面），那么在握手的时候就会手掌相握，大拇指紧紧贴在对方的手背处，适度的力量给人一种真诚之感，有时候还会适当摇晃几下，时间不会太久，有种惺惺相惜的味道。这是暗示彼此间希望进一步交流的愿望。

第三种是具有优势差异的握手。FBI认为，如果握手的双方存在某种差异，比如地位、身份、权势等，常见的是领导接见下属，领导者往往平淡处之，握手的时间既不会太长力度也不会太大，反而是下属会比较用劲，并让对方先松手，表示的是一种尊重和趋近。类似的情形在洽谈的时候也会出现，期望合作的一方和掌握主动权的一方之间也会呈现这种趋势。也有时候，弱势一方为了表示诚意，还会伸出另外一只手，捧住或扶住对方的手。

还有一种是有意施加压力的握手。它的明显特征是，有意施压一方用力握手，同时还刻意在晃动的时候做下压的动作。这种短暂的握手是为了显示对方的力量和地位，并试图暗示自己才是强势的一方，内心深处有贬低被施压一方的意思，尤其是当对方心存敌意的时候，往往会下意识地这样握手（当然也并不一定是有意为之）。

需要注意的还有，因为一般手心代表接受，而手背则代表防御，假如你在接待客人，主动与之握手的时候最好露出掌心，由上而下与你的客人握手，而作为客人一方则多半是以迎接的姿态由下而上与人握手。

第二节　腿脚摆放的玄机

　　人类的身体语言往往从上到下都是关键点，错过哪一个细节都不是明智之举。可很多人似乎更关注的还是面部表情，尤其是眼睛。而破案神探研究发现，距离人类大脑最远的部位往往最诚实。面部表情固然是一面映射心理的镜子，但却最容易"造假"，如果我们只关注上半身，那么许多有价值的信息就会被忽视，因为在最不被人关注的腿脚部位隐藏的心理信息往往更加具有研究价值，即便是一个撒谎成性的谎言高手，也无法说服自己的双腿双脚不说谎。

　　加百利是上个月被 FBI 正式录用的一名新特工，在培训期间，老特工就告诫过他，身为一名合格的 FBI 特工需要细心观察，那就必须做到不放过敌人身上任何一个具有传递信息的部位，尤其是他的腿和脚，这是最具有价值的信息来源。

　　一天加百利和同事利安德尔在公园的一处树荫下说话，一向以"千里眼"著称的加百利发现，在湖边的小道上有一个熟悉的人影，这个人向四下看了看，然后蹲下了身子，这样的动作反复了三次。FBI 惯有的警觉性提醒他们提高注意力，加百利和利安德尔穿过树荫，绕过附近的小路，当距离更近一些后，加百利认出了这个举止可疑的家伙，正是与他住在一个小区的埃文，前天晚上他还说自己要去海边度假，难道这就是他所谓的度假吗？埃文此时的举止都在加百利的眼睛里：他先是在地面上画了一个标记，然后又从旁边的一堆东西里找出一个形状奇怪的石子。"嗨，埃文，怎么没去海边呢？"加百利说起了话，埃文的背部颤抖了一下，但随即恢复平静，站起身子，双手背向身后，埃文显然没想到会在这里遇见加百利，面对疑问，埃文没有立即作答，而是很快迎上来和加百利攀谈起来。

细心的利安德尔发现，在和加百利说话的时候，埃文的两条腿始终处在僵硬的状态，两只手也似乎不太愿意动弹。最后，埃文说自己还有点事，要回家了，这时候他的腿向左边移动了一下，脚尖伸向左外侧，但他所说的家的方向明明是在另一边，而不是他此刻脚尖所指的方向，这一点加百利很确信。于是，等埃文离开后，他们决定跟踪他。经过几天的跟踪，埃文最终被抓获，警方还在他的口袋里发现了那枚加百利见过的小石头，原来埃文是异国的特工，离开组织一段时间后重返，小石头正是他们安排的摄像器。

破案神探发现，很多人在说话时都会做一些腿部小动作，因为大部分人都不会留意到身体下半部分的肢体语言，这才显得腿脚动作透露出的信息弥足珍贵。当然有的人是因为习惯，而抛开习惯性，更多的人是因为遭受了来自情绪方面的压力，或者紧张、恐惧、拘束、舒适……此时，腿脚往往最不受理性的控制。

站立时腿脚怎么摆放才安全

一个人在站立时脚尖所指向的方向往往就是他心里所认同的方向，也就是他下一阶段所要前往的方向。上一例中的埃文嘴上说自己

想要回家，但实际上他心里想的却相反，细心的FBI特工利安德尔发现他的腿脚在僵硬之后的移动和脚尖所指的方向不一致，这个破绽足以说明埃文有所隐瞒。

在日常生活中，如果谈话双方感觉投机、心情十分愉快，留心一下他们的腿脚，一般都是一直朝着对方的。而当听到令自己愉悦和兴奋的事情时，还会将脚尖向上跷起来，这跷起的脚尖传递的正是"我很开心，情绪很不错"的讯号。假如在这个时候，两个人的情绪都不错，并都处在高度放松的状态下，那么，他们的双脚还会交叉起来放置，且一只脚的脚尖会很自然地抵在地面上。这样的动作在一定程度上也传达出了另外一种信号，那就是他们之间的关系很不错。

在人际交往的过程中，留心观察对方的腿脚有助于准确把握对方的心理变化，提高交往的自如程度和舒适程度。

如果加以细致区分的话，双腿交叉时一般左（右）边小腿交换放置于右（左）边小腿一侧，两个膝盖相互贴近，也就是将一只脚放在另一只脚的外侧，其中一只脚的脚心不接触地面，重心集中在另一只脚上。而双脚的交叉可以不用延伸至膝盖，可以只是脚踝的交叉放置，双脚交叉表示的是交谈的融洽、情绪的放松，双腿的交叉也传递了类似的信息。就是这样的动作反映了我们在社交中的高度舒适感以及对当前话题和氛围的喜欢和享受。

当一个人独处时最容易摆出这样的动作，因为这个时候大脑会告诉我们，当前的状态很安全，不会有外界的威胁。而一旦有陌生人或其他事物出现，我们就会立马改变姿势，似乎大脑已经向我们发出了紧急信号："赶快提高警惕，外界威胁已经出现！"这个时候，只有将双脚都牢牢地放在地面上，才会有足够的安全感，并且有足够的力量保证在紧急情况出现时立即做出反应：是远离还是逃跑，是保持距离还是反抗。

如果是女性站立时交叉双脚则应另当别论。因为假如她穿着裙子或者修身裤，交叉双脚将身体的重心放在一只脚上，另一只脚放在一侧，这样站着就显得很有气质很优雅了。另外，如此交叉双腿还可以掩盖腿形上的缺陷，比如腿不够修长或看起来有点小腿肚等。

逃避的暗示

一旦产生不适感，即使对方嘴上不说，腿脚也会"发言"。腿脚

改变方向就是很好的说明，同时，脚尖也不会再指向正前方（正在谈话的对象），转换以后所朝的方向就是他目前心中即将前往的方向，这是"不感兴趣，我要离开了"的心理暗示。如果你留心观察一下，当一个人面对自己并不喜欢的事物或人时，或者是对当前谈话的观点不认同时，突然之间转换脚尖的方向是最经常做的动作，并且身体也会跟着向一边微微倾斜，破案神探称之为"转向脚"。"转向脚"是一个人想要离开、寻求解脱的信号。而随着这种远离的姿势准备就绪，厌烦、不赞同的情绪逐渐加深，对方很可能就会选择转身离开，而他离开的方向刚好就是他的脚尖指向的方向。

还有一种站立时可能会出现的脚部姿势，即一只脚的脚跟从原始的水平位置逐渐抬升，看上去就像运动员起跑时摆出的姿势。这样的脚部动作暗含的意思是，我对这样的话题不感兴趣，或者是我还有更重要的事情需要处理，我想要离开了。这种脚部动作又叫"起跑脚"。当然，在实际的交往中，还要根据具体情况做出判断。

如果两个面对面交谈的人，两条腿一前一后放置，靠后的一只脚脚尖跷起，并且身体向前微倾，两只手分别按在膝盖上。那么，毫无疑问，这是他在向你发出自己将要离开的信号了。

何时欢喜何时忧

腿脚传达出来的信息有很多种，其中还有一种看似不太礼貌的动作——晃动腿脚。这个"不文明"的行为，尤其是在公共场合做出这种动作的人，大多不会给大家留下什么好印象。但破案神探并不拒绝一个人在他们面前晃动双腿，因为这个动作隐含了许多不为人知的心理信息。

当一个人的脚开始有节奏地颤动，传达的无疑是欢喜的信号，即使当事人极力想要掩饰，或什么都不说，你也可以明白一切。一名FBI退休老特工在闲暇时间喜欢玩纸牌，纸牌是为人所熟知的消遣娱乐活动，殊不知玩纸牌也是一门艺术。牌桌上很忌讳所有的喜怒哀乐都显示在脸上，因为很多人会在你的脸上读出你手中的牌，进而掌控牌局。所以，老特工理查德就利用自己在FBI多年的读心经验，不管握着一手好牌还是差牌，都始终保持着一张"扑克"脸，旁人在他的脸上读不出任何心理变化，更加猜不透他手里的纸牌。而理查德却可以很轻易地获取对方的心理信息，有时候他会在大家都不注意的时候观看每一个人的腿脚（在桌子的下面，似乎显得格外安全，因此也很少有人刻意隐藏腿脚的动作），谁手里握着好牌，谁正在暗自欢喜，只要理查德看上一眼，他们的心思就暴露无遗。

因为紧张、焦虑不安时，腿脚部位往往很容易就泄露了当事人言语上正在掩盖的事实。一个"言行不一"的人往往会出现以下几种腿部动作：

一是来回晃动双腿。这是心不在焉或遭受打击的心理暗示，由于心理上正在承受极大的挫败感，情绪转移到腿部的时候就衍生出这样一种安慰行为。

二是双腿不停地抖动。这是在极度紧张的时候，人下意识的行为动作，有时候也只是一瞬间，但它代表的是焦躁不安的内心，甚至带有恐慌。

三是原本很有节奏的抖动突然停止或发生紊乱。注意引起该变化的关键点，一句话、一个表情、一件事情等，都有可能引起抖动的突然开始或停止。比如当一个一直在摇动着双腿的人忽然转变为抖动，

那你便要注意了，肯定有什么因素在一瞬间刺激到了他，即使暂时无法断定他是不是说了谎话，但至少可以肯定的是，刚才有个很敏感的话题——刺激源引起了他情绪上的转变，只要顺着这条线索一直追究下去，是谎言就一定会被识破。

实际上，腿脚的颤动是人们在日常生活中很常见的，有的人习惯做，但有的人却从来都不会做，因此，它也并不能充分证实一个人是否在说谎，但可以肯定的是，它代表着某种心理的变化。

王者风范——领地占领

你有没有注意到，清晨从睡梦中醒来，如果一夜睡眠不错，浑身都会感觉非常舒适，很多人还会伸个大大的懒腰。躯体伸展是身体舒适的信号，但在不同的场合，它又有不同的信息价值。

站立时交叉双腿是解除警惕的信号，表明当前的状态很放松，而叉开的双腿则代表着另外一种信息——自我保护。

研究指出，叉开的双腿意味着领地的不可侵犯，当一个人产生压力、威胁、不安的情绪时就会很在意自身的空间，同时也会用各种姿势来向别人强调自己领地的重要性。叉开的双腿表现的不仅是对领地的捍卫，也是双方对峙局面产生的标志。如果对方的双腿由起先的并在一起突然转变为叉开的姿势，那么，你就要考虑到对方情绪的变化了，并注意在接下来的谈话中应该采取措施来缓和局势。另外提醒一句：双腿叉开的幅度越大，说明双方之间的矛盾也就越大。

叉开的双腿也有它积极有利的一面。当你想要为自己树立威信的时候，就需要摆出这样的姿势，它在这个时候代表的不仅是优势，也是树立威严的一种途径。

破案神探经过研究得出结论，叉开双腿的动作其实并没有这么简单，有的时候还要根据具体情况具体分析。为此，破案神探对喜欢叉开双腿站立的人总结了以下两种情况：

第一类是那些在站立时习惯将两腿叉开放在同一水平线上的人。这样的人常常在工作、人际交往方面处于优势地位，并且对自己有足够的信心，但是这类人往往无法坦然接受他人的意见与建议，常给人一种气势逼人的感觉。

第二类是那些在站立时喜欢将两只脚一前一后叉开放置的人。这样的人内心缺少安全感，希望通过这样的动作来缓解他们心中的不安和紧张情绪，他们往往不爱与人沟通，在人际交往中很被动，很谨慎，总是带着戒备的心理与人交流。

当然，站立时叉开双腿也有可能是因为一个人的习惯，或者是处境使然。如果是习惯，则在一定程度上彰显一个人的性格和内心，如

果是因为在特定的环境中，比如是站在一辆摇晃不定的公交车或地铁上，叉开双腿更多的是为了保持身体的平衡。破案神探也发现，那些随时都习惯于叉开双腿站立的人，比如在车站等车，在面馆吃饭排队，在取款机前取钱，他们叉开双腿站立就不能简单地认为是想要保持身体平衡，而是为了保证周身安全性想要通过双腿来为自己划分出更多的占地空间，即扩大领地。这类人往往带有极高的警惕性，不会轻易相信他人，自己在为人处世方面都有很高的严谨性。

因此，这里顺带谈一下人的站姿。站立的时候身体自然端正。这样的人行事作风也如同他站直了的身体一样，不容歪曲，通常会说一就是一，说二就是二，不会歪曲事实，但他们一般都会把内心的情绪挂在脸上。在与别人交谈的过程中，他们也会是很好的倾听者。

站立时总是喜欢倚靠着，比如靠在椅子后背上，或者靠在墙壁上等，看上去一副散漫的样子。破案神探认为这样的人常常不会礼貌待人，在与人交往的过程中表现出无拘无束、什么都不是很在乎的样子，然而当他独处时又会是一副严谨、不松弛的模样。人们以为他们总是冷漠、自负的人，但是深入了解后就会发现他们其实拥有热情大方的心。在生活中，他们会有自己独特的信仰与价值观。

站立时习惯将双手插进上衣或裤子的口袋里。破案神探认为这样的人其实是比较有原则的，具有感性的一面，同时又不乏幽默风趣的一面，常常在一副淡淡的外表下掩藏着一种非凡的人格特性。

总之，腿脚相互交叉，多半表示状态的放松、谈话氛围的融洽，或者是两人关系的亲密；如果对方的腿脚方向发生转变，应提高警惕，因为这是消极情绪发出的信号；如果双腿叉开放置，可能是对方感受到了压力与威胁，这也是一种消极情绪发出的讯号，告诉你对方正面临压力、不安情绪的威胁，他们通过叉开的双腿来增加自身周边的领地范围，以此来填补内心的不安与空缺。

第三节　坐姿解读，助你透视人心

站立时腿脚的摆放，在破案神探看来暗含信息，那么坐姿呢？一个人不管是站着还是坐着，都会下意识地寻求最佳状态，一个足够舒适的姿势往往是很重要的。而什么会引起不适感呢？破案神探认为，情绪的变化很容易导致一个人姿势的变换，每一种坐姿的背后都意味着一种心态。

假设现在正在进行一场会议，你要求在场的各位各抒己见，谈谈公司在上半年的发展状况，以及下半年将如何发展的问题。你站在台上，看着你的下属，他们的坐姿应该是各异的，但有一个人他将身体微微向前倾，两腿很自然地分开摆放，两脚一前一后并且将两只手垂放在双膝上，再注意观察，还会发现他靠后放置的脚的脚尖轻轻踮起，似乎就要起身的感觉。那么，你也许就已经读懂这样的体态密语了：我对这个问题已经胸有成竹了。因为他摆出的是准备就绪的坐姿。但你要注意的是，这种坐姿仅仅是向你表示他做好了发言的准备，却并不代表他的回答就是有把握的、完全正确的，或者他不会提出反对意见。

破案神探认为，了解一个人是全方位的，坐姿中也暗含意蕴。对其内心的把握，我们通过不同的坐姿就可略知一二，以下为你解读隐藏在坐姿里的几个秘密。

秘密一：保守与害羞

说话时上身端正并微微前倾，双脚并拢，脚掌撑地，这种姿势暗含的意义是他很愿意与你有进一步的交流，很乐意倾听你，并时刻准备着回应你。这样的人为人正派，热情友好，但往往过于较真、保守。

双腿与双脚都紧紧合靠在一起，两只手也比较端正地摆放在膝盖上，这明显是一种很保守的坐姿，表示性格内向，感情世界偏于封闭；如果两只手交叉放置在大腿两侧，表示缺乏信心，越想做好的事，往往越是做不好。

两膝盖紧靠，脚尖合在一起，同时脚跟分开，有时还会将手掌按在膝盖上，这种坐姿的潜台词是，我很不耐烦了，真不想再听下去了。只是出于礼貌上的需求，不好立即起身离开罢了，这样的人往往很具有洞察力。如果大腿合并在一起，小腿和脚跟分开，脚尖也紧紧合并，双手手背靠拢插在两膝盖中央，通常只是一种比较害羞的表现。

秘密二："二郎腿"的阻断行为

一条腿放在另一条腿上，类似于我们平时所说的"二郎腿"，这是一种相当放松的姿势，显得比较自信。假如在此基础上两条腿互相勾住，那么自信心就大打折扣了，不仅显得不自信，看起来还很拘谨，表示在与你交谈时他一定是有所保留的，可别指望他说的话全部都是真的。如果谈话双方相互欣赏，一般是不会出现"二郎腿"的，因为跷起的"二郎腿"有拒绝的嫌疑，膝盖与膝盖相互指向，有入侵对方的意思。

布莱恩娜花了很大工夫终于找到了抢走自己前男友的伊莎贝拉小姐——这是一个情场"老手"，看上去魅力无穷，但布莱恩娜始终不甘心，她想要向伊莎贝拉讨个说法。但谈话似乎在一开始就不是很顺

利，布莱恩娜对伊莎贝拉说："你认识一个叫艾伯特的男人吗？我是他女友！"并不把眼前这个质问者放在眼里的伊莎贝拉轻蔑地斜视一眼布莱恩娜说："我只知道，有个叫艾伯特的英俊男士有一个美丽的女友叫伊莎贝拉。"然后侧过身子，抬起一条光滑细嫩的大腿压在了另外一条大腿上，转而只留下半个臀部横在布莱恩娜的面前，此时，伊莎贝拉的腿部就成了布莱恩娜想要进一步与之交流的一大障碍物了——就像一道壁垒。这使得布莱恩娜无从下手。

秘密三：坐姿里的小动作

人们坐着的时候，腿脚有时并不安分，会一直颤动或抖动，比如晃动大腿，脚也会跟着一起抖动，如果动作过于明显，往往是内心愉悦的表现，正在为已经得到或即将得到的事物而兴奋不已；如果是将脚尖抵在地面上，上下抖动，看上去很有节奏感，也是一种表达兴奋的信号；女性的话，通常喜欢将鞋子挑在脚尖上上下来回踢动。假如这种行为突然终止，很可能是消极情绪产生的标志。

类似这种行为在实际情况下需要具体分析。有的人抖动双脚很可能是出于习惯，或者是缓解紧张情绪。如果在说话的过程中这个人一直在抖动着双脚，表明他也许并没有很在意对方的感受，并且一直关注的都是自己；假如他一直抖动的双脚在某个时刻突然停止了，就说明在某个节点上，有令他感到不安的成分，或者是他对你刚刚提到的话题产生了反感的情绪。这种情况在审讯嫌疑人时会经常出现，因为当提到一些比较敏感的话题或事物时，嫌疑人就会在腿脚上出现一些很异常、不连贯的动作，原本一直被用来缓解压力的抖动的腿脚突然之间就停止了抖动，或者是原本一直安静地摆放着的腿脚在突然之间又抖动了起来；再就是原本一直抖动的腿脚忽然变换了动作，改为上下踢动。这些细微的动作都是内心情绪的显示器。

有些人偶尔会用双手抱住后脑勺，似坐似躺，一副扬扬自得的样子，这也是积极情绪的表现。如果双方并排坐，有人会喜欢将一只胳膊搭在旁边椅子的靠背上，这无疑是领地占领的信号：这边的一切都是我的，包括你。这种坐姿在情侣间较多出现。

秘密四：脚踝互锁，他想干吗

破案神探发现，很多人在坐着的时候，往往习惯于将双腿收拢、双脚交叉放置，一只脚的脚踝放在另一只脚的脚踝上，这种姿势被称为"脚踝互锁"。当事人发出"脚踝互锁"的动作行为多半是大脑在感受到威胁或压力时，命令身体做出的习惯性保护动作，它表明的是动作实施者已经受压，比如不安、紧张与担忧，在犯罪嫌疑人的身上表现得尤为明显。但是，一些喜欢穿短裙的女性也会经常做"脚踝互锁"的动作，这是很常见的现象，因此并不能就此推测得出结论（只有当这样的动作持续的时间过长时，那才是紧急信号）。

值得注意的是，当一个人将脚踝互锁的动作持续得过久时，很可能是他在刻意掩饰什么，这时候就要当心他刚刚说过的话了，小心被他骗。因为，这种刻意的"脚踝互锁"动作实际上是一种肢体自制的行为，是说谎者经常使用的招数，他们害怕过多的肢体语言会揭穿自己捏造的谎言，才会刻意减少肢体动作。

还有人将这样的动作加以延伸，双脚的脚踝不是相互紧锁，而是"锁"在座椅的腿上。这其实是一种肢体冻结行为（在下文中将有详

细的介绍），同样说明动作实施者的心里焦虑、情绪不安。

双腿伸直，脚踝交叉放置，有时还会将两手叠交放在大腿上，或者很自然地平放在膝盖上，这样的姿势很明显是在告诉你他在情绪上有些不安、紧张或者兴奋，也可能是焦虑，假如是男性，往往紧紧握拳并放在膝盖上。这类人内心防范意识较重，控制欲也比较强。

秘密五：坐姿的男女差异

破案神探认为，当双方相视而坐，不同的坐姿密语彰显着不同的内心活动，但这在男人和女人之间还是有些许差别的。

女性在坐姿上往往比较注重礼仪性，她们会使自己整体看上去很有淑女风范，温文尔雅，双腿最佳的摆放姿势是双腿以比较随意的形式交叉起来，并且同时斜靠向一边保持平行状。不仅显得易于亲近，还展示了女性特有的优雅气质。

而多数男性在坐着的时候喜欢双腿交叉，将一只脚的脚踝放在另一条腿的膝盖上，两条腿拼成了"4"字形。这样的姿势之所以在男性中比较常见，是因为该动作在一定程度上凸显了男性引以为傲的生殖器官，还被认为是一种"示威"的表现，它代表的是争辩与获胜。摆出这种姿势的人有时还会用一只手抓住抬起的那条腿。摆出此种姿势的男人往往很有主见，但也不免偏执、固执己见。

当然，能够摆出这样姿势的女性还是很少见的，因为受客观条件的影响，比如服饰、装扮、传统礼仪等，但并不是说她们就不会交叉双腿，只不过她们交叉的方式不同。一个穿着短裙的女子，在坐着的时候往往就会将双腿交叉而放，或者将两只脚的脚踝合并靠拢在一起，这是女性下意识的自我保护举动。在与人交往的过程中，这样的坐姿总是会给人一种拘谨、不易接近的感觉。

秘密六：表达爱意的腿脚

观察腿脚还可以判断双方关系的亲密程度，尤其是在异性双方相对而坐的时候，一些简单的微妙的腿脚动作，就足以传达出彼此之间爱的信号。那怎样通过观察腿脚动作来推断两个人之间的关系是融洽还是疏远呢？

坐在一起的双方，如果谈话不和谐，相处不融洽，他们的腿脚就会离得很远，虽然只是在桌子底下，不易被发觉，但也正是因为不易被发觉的缘故，才使得这类信息更加有价值。因为一些不和谐的因素会使两人之间产生排斥心理，这种排斥不仅会表现在表情上，也会在腿脚间有所体现——远离。相反，如果两人相谈甚欢，并且相互吸引，那么，在腿脚间就会出现一些很微妙的动作——两人的腿脚会渐渐靠近，最终会靠在一起，一方的脚还会慢慢摩擦另一方的腿部，于是双方就开始互动起来。这一系列的动作是无声的，却很清楚地向我们展示了一幅亲密关系图。这些是在极其兴奋的情绪骚动下才会做出的动作，它表示的是一个人正在得到他所想要得到的，并且形势似乎一直都在朝着有利于他的方向发展，一切都在他的掌控之中。

更加有趣的是，当两个人都感到非常愉快时，女方还会将跷起的一条腿搭在另一条腿的膝盖上，并且上下抖动，脚尖也会高高地翘起，并将她们的鞋子作为消遣的对象。最常见的一个动作是，女人会用自己的脚趾挑起鞋子上下来回踢动，男性在看到这一动作时，也会表现得很兴奋，为自己的成功而感到得意，腿脚也会不由得抖动起来。而假如谈及某些不开心的话题，引起情绪转变，女人就会立刻停止这样

的动作，并且收回她们挑在脚尖上的鞋子；男性也立即变得焦躁不安起来，原本晃动的腿脚会收起不动，或者变换一种抖动的姿势，这表明他是心虚的，很可能在某些事情上做了隐瞒，惹得女方不开心了。

其实这种情况不仅仅存在于恋人之间，在许多场合都是适用的。例如，在两个交谈的人之间，双方腿脚间的动作也会提供给对方很多情绪信号，一方如果将双腿交叉，最上面的那条腿指向的方向正是谈话对方，传递的便是积极情绪的信号，它说明双方的关系很好，当前正处于愉悦交谈的状态。而如果其中有一方对另一方感到不满，那么不满的一方就会将双腿转换方向，使大腿在两人之间形成一道壁垒，即"阻断行为"，一旦出现这种动作，就预示着双方的谈话即将结束。相反，如果一方将上面的那条腿的膝盖拉开，使之远离，就会瞬间拉近双方的距离了。

第四节　走路姿势观看内心

约翰·麦康是美国艾森豪威尔时期的元老级政治家，当时也是极为保守的加州共和党人，是虔诚的天主教信徒。在"二战"期间，约翰·麦康做了一系列具有贡献性的活动，而在艾森豪威尔担任总统期间，麦康任原子能委员会主席，主要负责监督全美范围内核武器工厂，在美国安全委员会中占有不可取代的地位。1960年肯尼迪当选总统，有人说，如果当时是尼克松当选，那么约翰·麦康很有可能是国防部部长。赫尔姆斯是麦康的秘密业务新主管，他曾经形容麦康是"白发，红颜，步伐轻快，戴无框眼镜，态度极端冷漠而又自信心十足"的人。

为什么说他自信心十足？也许一个并不熟识麦康的人，从他的言行举止就可初见端倪。通常一个自信心十足的人都不会给人犹疑不定之感，心中永远都有一个目标在前方，雷厉风行，步伐轻快。

其实从步态里我们能够看出一个人的心境以及这个人的性格特征。俗话说："言为心声，行为品性。"也就是说一个人的谈吐透露了他的内心世界，举止行为则是其性格的写照，那么，抛开一些刻意修饰的行走步态，一个人处于自由状态下的走路姿势实是其行为表现较为集中的映射。

疾行急走，快速而敏捷。内心有焦虑的情绪的人，往往喜欢借助疾走的方式来缓解、控制和消除内心的焦虑。急走的步态多见于女性，她们往往采用细碎的步伐，显得慌张急促，容易改变方向。这样的人

性情急躁、坦诚，喜好交谈，对待朋友比较诚恳，不会做出背叛友情的事情，喜欢具有挑战性的事。女性多优柔寡断，男性多吹毛求疵，个性比较阴柔。

昂首阔步，这是一种强烈自信心的表现。破案神探认为这类人往往都有较强的自我意识，凡事都会以自我为中心，人际关系淡漠，始终注意保持良好的自我形象，但是他们极富组织能力，做事有条不紊，思维敏捷。

步伐平稳，脚踏实地的步态。破案神探认为，这样的人比较务实，注重现实，做事精明但不会好高骛远，不会轻信于人，也不会轻易许下诺言，一旦许下就会努力实现，是值得信赖的人。

有的人喜欢在饭后散步，散步其实是一种略显懒散的步态，带有几分松懈的精神状态，是一个人用来消磨时间的步调。他们喜欢闲逛，信步而走，并且也没有固定的方向。这多半显示出他们内心的闲逸，有种踌躇不前、游手好闲、懒散、徘徊的感觉。

行色匆匆，步态轻盈、快速，经常会改变方向。用这种方式走路的人大多精力充沛，有时候会显得急躁不安，但他们敢于应对生活中的挑战，做事注重效率，干净利落，有较好的适应能力。

上身前倾。行走时有这种姿势的人一般个性比较平和，谦虚谨慎，重情义，不会只说不做，看似冷漠的外表下其实有一颗热忱的心。

慢跑型行走姿势的人属于比较典型的现实主义者，讲究务实精神，绝对不会好高骛远。他们一般不会轻易相信别人，一旦相信就会特别重信义、守承诺。

走路时将双脚重重地落在地上，俗称"掷地有声"。破案神探认为，这样的人胸怀大志，有较强的积极进取精神，考虑事情往往会情理兼重。

走路时将双脚平放，双手也会自然摆动，不做作扭捏。这样的姿势看起来比较斯文自然，但是这样的人行事胆小保守，不会创新，过于沉着冷静，没有远大的抱负。

走路时摆出款款摇曳的姿态。这样的行走姿势多在女性中间出现，看上去摇曳生姿。有这种姿势的女性在公共场合会比较受欢迎，她们往往平易近人、坦诚热情。

走路时步履平稳有力，双手也会有规则地摆动。这类姿势多在军人中出现，因接受过训练，所以都会有较强的意志力与组织能力。他们固执武断，不会轻易被感动，理想与目标总是很明晰、很坚定，会一直努力向着目标的方向前进。

走路时双脚向内或向外勾起，呈现出"八"字形，看上去摇摆不定，走起路来显得急躁用力，没有耐心。这样的人一般不擅交际，有聪颖的大脑，行事不动声色，有保守、虚伪的倾向。

走路时步姿轻佻，身躯飘浮，俗称"吊脚型姿势"。这样的人为人狡猾，不能轻信，他们往往很聪明，付出的同时必会高价索取。

有的人走路时步伐不均，习惯将双手插进裤子口袋，双肩紧缩，有时候又会双手伸开，昂首挺胸，姿势以自身舒适为主，比较随便。FBI认为这样的人有豁达、不拘小节的胸怀，为人达观，有较强的事业心，但是往往又会夸大其词、固执己见、不肯退让。

还有的人在走路时会大摇大摆，左右观望，这样的人是比较有自信的。但是往往过于自信而自满、自夸、骄傲、目中无人；习惯左右

观望的人胸无大志，爱占小便宜，喜欢独处，行为迟钝，因此在工作上不会有很高的效率，朋友也不多。

在生活中也会有一些比较做作的姿势，比如走路时像杨柳扶风，前瞻后顾，左摇右摆。这类人一般喜欢故弄玄虚，装腔作势，不可信赖，气度小，没有责任心。

人类在行走时，腿脚总会摆出各种各样不同的姿势，身体也因此而呈现出明显的差异。总之，人类行走的姿势不但是内心情绪的反映，同时也是性格的体现，善于观察的人就能看出并掌握这些隐藏在走姿间的性格秘密。

值得注意的是，每个人都有选择和什么样的人交往的权利，就像一些用人单位根据工作的需要专门招聘某类人才一样，以步态初步判别一个人的性情往往很受用。大多数人走路时候的姿势是受意识、气质、先天基因遗传以及后天的整体素质、生活环境（如职业要求）等综合因素制约的，但不管是什么样的人，在走路时总会流露出某些端倪。走路看内心、测性格似乎也已经成了社会上许多用人单位和大型企业，及现实生活中的人际交往很具有帮助性的识人手法之一。

实际上，优美的走姿，往往是每个青年男女追求的美好而时尚的形象。因为"养眼"的走路姿势往往是内在素质的写照，沉稳的人内心坚定，步履也就显得稳重，而浮躁的人心不定，步伐自然也就很难显得平稳；性格好的人注重内在的修炼，有修养，有学识，而性格不佳的人则反之。所以，千万别小瞧了一个人的步伐，那是其性格的外在显现。

第五节　躯体距离

躯干空间距离

每一个人都有自己的私人空间，并且需要这样的空间，适当的距离更有助于交流。心理学家认为，人与人之间的距离可分为四类：亲密距离、个人距离、社交距离和公共距离。亲密距离一般控制在0.5米之内最为合适，这是只有在比较亲密的人之间才被允许的，像家人、恋人、好友等，刚刚认识的人千万不能逾越，但即便是最最亲密的人，有的时候还是需要保持一段身体距离，否则，就很容易引起心理上的不安与焦虑；个人距离一般在0.5～1.2米，这是正常生活与工作、无身体接触的范围，与熟人、同事保持这样的距离是恰到好处的，与稍微亲密一点的熟人的距离可缩短至0.5米；社交距离就是在正式的社交活动、商务谈判等场合应该保持的距离，一般在1.2～3.5米；而公共距离则是在公共场合没有任何交际的情况下的距离，一般在3.5米之外。这些都属于躯体间的正常距离，不同的人在不同的场合应该根据与对方关系的亲疏程度保持适当的距离。

以上这些都是正常情况下的躯体距离，在具体的社交活动中，距离也会随着情况的需要而发生改变。这就是有的人会在突然之间跟你拉开躯体距离的原因了。有的时候，躯体之间的距离会改变得很突然、很微妙，往往只是将身体稍稍变换了一个角度。

在面对威胁、不安与压力的时候，人们的躯体会向反方向收缩，以此拉开彼此间的距离，而与之相对的还有一种躯体伸展的动作，就是通过拉大自身的周边范围来实现躯体保护的目的。特别是一些男士，当他们坐着的时候往往会将身体展开、双臂随意地摊开放在大腿或椅子的扶手上，两条腿朝外侧伸展开来。这明显是一种捍卫领地、扩展空间的姿势，有的时候表达的也是一种反抗（在公共场合最好不要有这样的动作）。

而在实际的社交过程中，空间距离与心灵距离并不一定都是成正比的，所以，我们应该根据需要灵活调整人与人之间的距离，这样与对方相处起来才会更加轻松自如。我们的躯体在面对压力、威胁、紧张和不安时会做出相应的动作来调节、缓解这些不良的消极情绪，这是人体的自然反应，只有远离了那些会给身体造成威胁的事物才能有效地保护自己，化解这些消极情绪的影响。于是，躯体间的距离就成了最好的缓冲地带，在开始阶段，躯体会选择远离，远离不成功，就有了躯体的自我保护行为。

但是，身体距离往往还要根据特殊情况区别对待，身体空间距离越近，也并不总是意味着心理距离越近；同样，在人们的交往过程中，还要根据各个民族、国家的风俗习惯来判断。

躯干远近的潜台词

当一个人面临危险与压力的时候，或者意识到眼前的事物已经对自己产生了威胁的时候，大脑就会发出紧急信号，要求远离对方以保护自己不受侵害。好比面对一桌你不喜欢的菜肴，如果这个时候你选择离开就会扫了一桌子人的兴,因为大家似乎都在津津有味地品尝着,你没有选择,就只能将身体向外移动以远离它们。

　　面对自己不喜欢的东西时,选择远离是一个人的自然反应。人们喜欢面对自己喜欢的事物、喜欢的人,但并不是在任何时候都能如己所愿,有时候会不得不面对一些不好的甚至讨厌的东西,而这个时候你没得选择,就只有通过身体的反方向倾斜来帮助缓解此时的不情愿、不满、烦躁等消极情绪。

　　类似的场景还出现在一些商务谈判中,当对方向你提出一些不合理的条件或要求时,或者在某些问题上无法达成共识的时候,双方就会产生不自在、抵触的情绪,于是便下意识地将身体向与对方相反的方向移动。可能还会伴随着揉眼、闭眼等动作,脚部很可能也会发生

方向的转变,这些都是在向对方说明,目前你所持的态度是怀疑的、不认可的。

在生活中面对迎面而来的袭击时,只要人们有所察觉,就一定会尽快躲开,使自身免受伤害。类似的情况还有,在公交车上,如果你旁边的座位突然坐了一个浑身脏兮兮的人,这个时候你会不由得将身体的一侧向相反的方向倾斜,以便在彼此之间形成一段距离。

因此一个愿意接受你、靠近你的人会将自己的躯体向你倾斜;相反,那些不喜欢你甚至厌恶你的人就会不知不觉地把身体朝与你相反的方向移动。你是不是在大街上看到过一家人逛街的情形呢?一家三口,中间是活泼可人的小儿子,他的小手被爸爸妈妈分别从两边牵起。再细致一点观察,或许你还会发现,这个小朋友总是走着走着就和妈妈碰到了一起,母亲就如同一块磁铁一样吸引着他的身体。旁人从这个小小的细节或许就可以推测出,这个小朋友可能和母亲更亲近一点。

倘若在谈话的时候,对方突然将身体稍稍变换了姿势——这种姿势使得你们的距离更远了,想必聪明的你已经意识到对方的潜在意思了,大概也就没有什么兴趣再谈下去了,因为,你觉得对方用躯体语言向你传达了一个并不友好的信号——"我开始厌烦了"。相反,如果对方一直不断地向你靠近,那就表明你们有许多共同话题,并且对方已经用渐渐倾向于你的身体行为向你传达了"十分赞同、十分喜欢"的信号。留心你身边的人,两个十分亲昵的人在说悄悄话的时候,往往"耳鬓厮磨",你只需要看一眼就知道他们的关系不一般。

但也有的时候,出于种种条件的制约我们面对自己不喜欢的人或事，其实是不能自由地选择远离的。这个时候躯干会做出什么样的反应呢？想远离而又无法远离的时候，躯干就会做出一些动作来达到自我保护的目的。比如说，在双方对话的时候，一方突然将双臂交叉架在胸前，这就说明他很可能是感到了不舒服，对目前谈论的话题有看法，或根本不赞同你的意见。有的人还会在这个时候突然将上衣的纽扣扣上或是解开，在谈话结束后又会解开或扣上。

人类实施自我保护的方式和动作很多，通过躯体动作来自我保护也是其中一种比较重要而常见的方式，往往还存在男女差别。

男性在躯干保护方面通常是将双臂交叉抱在胸前，两只手抓住胳膊的上端，同时将两腿叉开；如果是打着领结的男士，他们还会将领结反复拉伸、反复固定，有时候也会将手里的公文包夹在腋下、把玩小东西、假装整理衣袖等。

类似的动作在女性中也是比较常见且多样化的，尤其是在她们感到不安、紧张、不踏实的时候，躯干保护的动作就会更加明显了。比如那些行走在校园里的女生，或者是下班后走在回家路上的女性，往往都会将书本或文件夹紧紧地抱在胸前。

将双臂交叉并不一定都是躯干保护的动作。当交叉的双臂自然而然地放在腹部，两手自然地放在胳膊的上端，注意，并不是抓住胳膊，那么这个动作发出的信息便是积极的，它表示的是一种轻松自然的姿态，一些小孩子在玩耍的时候也会经常这样，常常让人觉得好笑。但是，如果交叉的双手紧紧地抓住胳膊的上端，就是一种紧张与不安的信号了，并且双手紧握的部位越高，就表明动作发出者的紧张与不安情绪越强烈。

现实生活中,还有一些人在面对压力的时候,喜欢把外界事物当作缓和情绪、释放压力的"救命符"。仔细观察一下,或者认真回想一下,当你和朋友在谈论某些轻松愉悦的话题时,你不会感觉到有任何不安与紧张的空气弥漫在周围,而当你们谈论一些严肃的话题的时候,她就会将身边触手可及的东西,比如娃娃等抱在怀里,即使这只是一个娃娃,但是却可以给她精神上的安慰。

很多人都有这样的经历:在拥挤的地铁或公交车上,人与人之间的距离变得极其狭小,有时候还会发生肌肤接触,这个时候你肯定会从内心深处产生一种排斥、不愉悦的情绪,造成消极的心理暗示。于是,你可能会将身体稍稍向反方向移动,将手臂放在胸前或者包包上,即使你们之间的距离没有什么变化,但是这种姿势给了你心理上的安慰,缓解了不安的情绪。

胸腹发出的信号

胸部信号

当一个人受到惊吓的时候,往往会惊呼:"心都要从嗓子眼里跳出来了!"同时,一只手已经放在了胸部。其实,胸部是一个人心脏所在的区域,也是人们在危险时刻第一时间想要保护的地方。就连动物都知道把自己的胸部保护在四肢之中。然而,在人类文明高度发达的今天,胸部的防范意识已经渐渐减弱了。即便如此,人们在受到惊吓时还是会下意识地想要保护自己的胸部,尤其是女性,在面对外界的威胁时,常常会本能地用双手护住胸部。

人们在企图掌控领地的时候,就会不由自主地挺起胸膛,以表示自己的力量足以战胜对方，在气势上掌握主动，并且表示自己达到目的的决心。看看那些正在吵架的人，他们总是挺起胸膛，摆出一副"理直气壮""志在必得"的架势，就算再没有底气也要摆出这样的姿势，因为如果收起胸膛就表示屈服，表示向对方示弱了。

两个面对面谈话的人，如果彼此的胸膛都朝向对方，就表示双方正沉浸在谈话的内容里，有许多共同的话题，相对的胸膛表示的是一种尊重，也是认真聆听的一种表现。但是如果对方突然将胸部改变了朝向，不再对着你，那么很可能是有别的事情吸引了他的注意力，或者是他对你们现在所说的事情已经不感兴趣了，那么，你还是考虑换个话题比较好。

如果一个人心里憋着气，或在承受了很大的压力的时候，胸膛就会起伏、扩展、收缩，起伏的速度越快就表示心中的气、压力越大。如同人们跑完步心跳加速一样，胸口有很大的起伏，并且嘴里还会大口喘着气。而当一个人遭受压力的时候，胸膛就会接收到大脑发来的信息，提醒他做出一些行为来缓解或释放这些压力。于是，胸膛就会在努力吸气、憋气的情况下出现大幅度起伏。因此，当你发现站在你身边的人出现胸膛起伏的时候，你就可以猜测出，他或许正面临着压力。

胸膛也代表一种气节，代表着自信和勇气。所以，喜欢挺起胸膛的人往往是正直、自信、勇敢的人。而如果是一个心里有事、谨小慎微的人，就很难将胸膛挺起来，就像在公共场合心虚的扒手一样。拱起的背、低下的头、含起的胸都是一个人不自信的表现。那些总是弓腰驼背的人往往没有坚持不懈、正直不屈的风骨。

总之，胸部的动作虽然不多，但是我们依然可以通过一些细微的小动作来透视对方的心理。伴随胸部的其他肢体动作也会带给你很多信息，例如，含胸的时候拱起的背、缩起的肩膀等，挺胸时高抬的头、仰起的下巴等。同时，胸部也是最容易展示自信的地方，挺起的胸膛总是会给人自信满满的感觉，增加人格魅力。在交谈的过程中，最好将胸部朝向对方，因为那样会让对方感觉到你是一个合格的倾听者。

腹部信号

腹部也是表示自信与胆量的部位，如果轻拍自己的腹部，表示的是自信和风度；而抱腹紧缩则是沮丧、难过或不安的信号。腹部也可表示扩大自己的势力圈，突出腹部有威慑对方的意图。通过观察一个人的腹侧动作，可以透视其内心情感以及情绪的变化。两人的关系亲密还是疏远、意见一致还是分歧，尤其是在交谈的时候，一个人是喜欢你，还是排斥你，或者当前话题对方是感兴趣，还是有点厌烦，都可以通过观察对方的腹侧加以判断。

当人们遇到自己喜欢或者不喜欢的事物或人时，不需要开口就可以将信息传达给对方，这时候就是我们的腹侧扮演了信息传递者的角色。腹侧，也就是人类身体的前侧，这一部位聚集着很多重要的器官，像眼、耳、口、胸等，因此它能够对自己喜欢或不喜欢的事物或人做出很准确的判断。

当遇见自己喜欢的事物、喜欢的人或者感觉很美好的东西时，人们的腹侧就会慢慢倾过去，靠得越近表示喜欢的程度越深，这个时候人体所做出的动作就是腹侧前置行为；相反，如果遇到了自己厌恶或者丑陋、危险的东西时，人们就会不自觉地将腹侧朝相反的方向偏离，这样的动作就是腹侧否决行为。

"腹侧前置"会将人们喜欢的、美好的事物展示出来，因此人们就会很乐意用人体中最为脆弱的部位——腹侧来迎接眼前的美好，拥抱便是一个最为典型的例子。当对面等待你的是一双热情洋溢的张开的臂膀，那么这个时候你也一定会做出"腹侧前置"的动作并且张开双臂来迎接它吧。

而"腹侧否决"行为刚好相反，正是因为腹侧是人体中最为脆弱的部位，因此当面对自己并不喜欢的事物或感觉到有潜在的威胁时，人们就会将身体微微转动以改变腹侧的方向，这种动作叫作"腹侧否决"行为，表示的是一种排斥与厌恶的情绪。在人际交往的过程中，"腹侧否决"行为往往是人际关系紧张的前兆。交谈双方尽管还会面对面，或继续说着当前的话题，表面上似乎一点儿也没有变化，但是那微微转换了方向的腹侧已经暗示了局势的紧张。

处在恋爱阶段的两个人常常会通过腹侧来传达爱的信号，他们更愿意将自己身体最为脆弱的部位——腹侧展示给对方。在谈话中，如果谈话的内容得到双方的一致认可，那么，双方都会将自己的腹侧部位转向对方，反之，则会出现"腹侧否决"行为。如果恋人之间经常出现"腹侧否决"行为，就表示两人的关系一定是出现了问题。

破案小视窗：喜欢"勾肩搭背"的人有什么心理

　　FBI 因为工作的需要，会结识许许多多形形色色的人，并且他们的性格都不一样。俗话说："世界上没有两片相同的叶子。"人也是一样。关于躯干距离的研究，FBI 觉得很重要，因为它往往比四肢还会"说话"。经过总结，FBI 认为，通过观察一个人的躯干语言，不仅可以得知他当前的情绪状况，判断对方对你的欢迎程度，还可以看出一个人的性格。

　　生活中，我们也许会遇到这样一类人，他们不管是在自己初次相识的人面前，还是在自己的亲朋好友面前，都可以"勾肩搭背"。不管面对的是同性还是异性，都可以"动手动脚"。FBI 就曾经遇到一些这种类型的人，根据观察发现，在这些人的身上有一种共同的东西，那就是超强的自信心。这样的人看似不拘小节，大大咧咧，实质上是十分自负的家伙。

但有趣的是，这只是一个极端。也就是说，自负的人往往有两种不同的行为表现，一种是以上所说的随时随地，不管任何人都可以"勾肩搭背"的人，还有一种就是冷漠怪诞，神经兮兮，不愿意与任何人有肢体上接触的人。

我想起丹尼斯·罗德曼，令我印象深刻的就是他的那场"婚礼"。奏乐开始的时候，他穿着一身白色的婚纱，一头金色的假发，露出一身花里胡哨的文身出现在婚礼现场——原来这位就是他宣布结婚的"新娘"！这个被大家称为疯子、自恋狂的人，不管在自己身上刺出多少怪异的文身，戴着多么前卫的首饰，整出多么标新立异的新发型，似乎整个NBA再也没有谁能够超越他了，他超强的自信心演变成一套我行我素的行为模式，他在两万人面前哭泣，在两万人面前挥动大拳头，他抢篮板的本领出神入化，却不在乎得分……

当然，在当时还有一个有名的重金属摇滚艺术家吉恩·西蒙斯，被人们认为是难以接近的神经兮兮、行为怪诞的人，凭借在音乐方面的天赋以及取得的成就，西蒙斯有着傲视群雄、孤芳自赏的性格特征，这是一种从骨子里自信并瞧不起别人的人，因为他对谁都是一副冷冷的样子。

但是，当罗德曼与西蒙斯相遇的时候，这两个自信过头的人，居然在一起合了影——罗德曼搂住西蒙斯的肩膀，记者是不会错过这么精彩的镜头的，并很快就成了头条。正是因为罗德曼的随心所欲和自信满满，才毫不顾忌西蒙斯冷酷的表情而与之攀谈起来，并用躯干上的接触很快就拉近了两个人之间的距离。

FBI分析指出，自信是好事，但过分的自信就有自负的嫌疑。对

于那些超级自信的人来说，自己就是整个世界的核心，对自己的魅力深信不疑，以为全世界的人都会为自己一个漫不经心的动作膜拜，也许在他们看来"勾肩搭背"是对对方的莫大恩赐。FBI经过研究，把这种行为分解为两大因素：一是自我欣赏、自我陶醉的心理；二是典型的"宠物心理"作祟。自我欣赏、自我陶醉的人喜欢在初次见面的时候就与对方"打成一片"，并希望以此来获得自己在群体中的存在感；而"宠物心理"使这些超级自信的人认为自己才是这个世界的主宰，其他人就如同一群小宠物一般。由此，FBI也指出，那些在初次见面时就对你表现热情，甚至和你勾肩搭背的人，往往就是自信心十足的家伙，有的人很可能被认为是举止轻浮、行为不庄重，而有的人或许会被侥幸地认为是性格开朗、易于亲近。

第四章

破案神探超清晰微镜头

在显微镜下你会看清楚每一个细菌，在破案神探的微镜头下你同样可以观察到动作的每一处细微变化。撒谎的人会有怎样的面部表情？如何在微镜头下寻找作假的线索？低头表示完全服从吗？点头就一定表示赞同吗？摇头的潜台词是什么？歪着脑袋的人有什么样的心理呢？假如一个人将脖子露给你看，你知道对方会有什么心理吗？习惯耸肩的人是不是在撒谎？当一个人感到不自在的时候会做出何种反应？遭遇意外事件时又会有何种反应？每一种动作的背后都有一种心理状态，你知道这其中的奥妙吗？

第一节 微镜头之一：面部表情造假线索

在第二章我们已经就面部表情进行了解读，对在各种情绪作用下的微表情也有了一定的了解。一个撒了谎的人不会笨到等着被你看穿，但即使伪装得再好，也还是会被破案神探的微镜头捕捉到。其实，破案神探特工本人就是一架摄像机，在面对面的交流中他们会轻而易举地搜索需要的画面，然后再慢慢放大，在慢镜头中查找蛛丝马迹，即便你是一个撒谎高手，也难以逃过他们的眼睛。

线索一：请相信左脸

研究者曾经做过一个实验，用一些面部表情各异的照片，其中有旅行者在游玩中兴奋之时留下的自拍照，也有沉浸在爱情幸福中的甜

第四章
破案神探超清晰微镜头

美微笑,还有一些实验者要求模特们根据提示各自做出的表情照片,将这些照片分别从中间剪开,分成左右两份,接着就把左脸的照片和右脸的照片进行了技术合成。之后又随机找到一些人,要求他们对照片表情所表现出来的感情进行等级划分。结果显示那些由左脸合成的照片被认为是极富感染力的照片,生动而夸张,还有一些照片很容易就被看出来是假装的。研究者称,假如是发自内心的、由衷的表情,绝对不会出现左右脸不对称的现象;只有在被要求、刻意假装出来的表情里面才会出现,因此可以说,左脸比右脸诚实,也敢于表达否定的立场,右侧的脸常常善于掩饰,但是实际上,那些由衷的表情并不会出现左右脸不同,只有假装出来的才会有这样的不对称。这不失为发现谎言的一条重要线索。

美国心理学家罗加思贝利的研究指出,人类的右脑是掌管形象思维的,比如直观感觉、视觉、图像、绘画、几何等,而左脑是掌管语言逻辑思维的,像分析、理解、算术、理论等。但大脑和它所掌管的身体部位恰恰相反,掌管情绪与感情的右脑所支配的身体部位是左侧,左脑则支配身体的右侧部位。也就是说,说话者的真实情绪是充分表露在左脸上的,即左侧才是情绪和感情的最真实流露者,右侧往往表现的是比较理性化的信息。

拿笑容来举个例子吧。撒谎者要尽量让你相信他的笑容是真的,于是左右半脑都想使笑容看起来完美一点,在潜意识的控制下,左右两边脸就出现了并不完全相同的笑,左侧会比右侧夸张。这种两边脸并不对称的笑就是假的,如果是发自肺腑的笑,并不需要刻意,自然就不会出现不对称的情况。因此,左右脸不对称的表情就成了谎言的

揭穿者。如果你深谙这条，不管是在职场上，还是在普通的人际交往中，谎言在你面前就无处可逃了。

线索二：反应的及时性

首先，设置一个背景：情人节这天你向暗恋已久的女孩表白了。

第一种情况：令你没想到的是，女孩居然也表示对你有好感，愿意与你相处。

回到家后，你坐在桌子前，回想那段独自暗恋的日子，也是这样坐在桌子前看着窗外，想象着心仪女孩的模样，而今天不一样的是，你感觉曾经离她那么远的自己，如今距离她好近，心中的愉悦与快乐怎一个"幸福"可以形容，于是你幻想着，感到无限喜悦：呼吸自由而有力度，甚至还有一只小鹿在怀里乱撞，不知不觉间眉开眼笑；想到极其兴奋的地方，或许你还会欢呼起来，高高举起胳膊似乎就要跳跃起来。假设这个时候有人走进来，可能你也掩饰不了真实的情绪吧，别人不管是在你合不拢的嘴角，还是在你上扬的眼角、轻快敏捷的行为举止中都可以看出你内心的愉悦。

第二种情况：令你想不到的是，女孩很断然地拒绝了你，还说自己永远都不要再见到你！

回到家后，你坐在桌子前，回想那些独自暗恋的日子，也是这样坐在桌子前看着窗外，想象着心仪女孩的模样，而今天不一样的是，你感觉浑身都是疼痛的，仿佛那个人已经被禁止想念，可你控制不了，被这种纠结和矛盾紧紧地缠绕着。内心一片空白，像是一下子失去了自己最心爱的东西，带走你身体里所有的动力引擎，一动也不想再动，眉宇间都是哀伤，眼睛不自觉地失去光彩，嘴角微微向耳边延伸并呈

第四章
破案神探超清晰微镜头

下拉状。这个时候如果有人过来，或许你会假装没事，极力掩饰悲伤，但还是不能开心起来，于是一切动作都显得很奇怪，你做出微笑状，但不对称的左右脸出卖了你，你想尽力避开伤心的影子，说着似乎很开心的话，但却在不经意间陷入沉默。

现在，假设你可以隐藏以上内心的情绪（刻意隐藏还是可以的），不因为被接受而欣喜若狂，也不因为被拒绝而痛不欲生，那么当你真的控制住了自己情绪的时候，你确实是做到了，但是你想看看此时镜子中的自己吗？你为了隐藏情绪而僵硬的躯体和四肢，以及呆板的表情、没有光彩的眼睛，旁人一看就知道你不正常，一定是隐藏了什么才显得如此奇怪。

研究表明，人具有动物性，在受到刺激时的第一反应往往很难作假，并且在刺激有效的情况下，第一反应还不受思维的控制，即不是你想要伪装或隐藏就能成功做到的。因此，可以说，人在受到刺激后第一时间内做出的反应往往是真实的，如果在时间上存在差异，那就很可能是谎言的预兆。

面部表情的时间差异一般是指持续时间的长短、消失的速度以及出现的先后顺序。通常情况下，长时间地保持一个表情，甚至长达10秒以上，这样的表情几乎都是"装腔作势"，好一点是想引起对方的注意，不好的就是要掩盖真相。研究证明，真正发自内心的表情都不会持续太长时间。除非是达到了情绪的高潮，比如欣喜若狂、怒气冲天、悲痛欲绝等，即使是这个时候，脸上真正的表情也最多只能维持几秒钟。正如上例中，喜悦、欢呼的时间往往转瞬即逝，激动的时间也很难超过30秒，倘若在时间上过于长久，就是不真实

的情绪了。而在真正的表情出现和消退的快慢上，目前还没有更为确切的线索。

另外，有些人在说谎的时候，言语和动作两者会不协调，有个比较典型的小动作——不经意间咽唾沫。电视上经常会出现一些特写的慢镜头，就是那些说了谎话的人习惯性地在说完一句话后就下意识地咽一口唾沫。研究发现，一个人在遭受刺激或说谎时，喉咙会干痒或者出现不适感，吞咽唾液便可使其得到缓解；除此之外，摇头之前的快速点头也是撒谎的信号。例如，你问一句："昨天下班之前，你看见小舟走在你的前面了，对吧？"对方迟疑了一会儿，头不经意地微微点了一下，然后又非常肯定地摇摇头说："没有。否则我会上去和他打招呼的。"这个时候，不要轻易相信他说的话，因为，他下意识的点头动作已经向你泄露了真相，他一定是看见了小舟。

一个人是很难接受突袭的，在没有任何准备的情况下，同样也不能做足够的心理准备。因此，在一些突发的场合，假如一个人试图以谎言来蒙蔽你，面部表情的迟疑就是一个很明显的揭谎线索。通常情况下，微笑和点头等小动作是撒谎者用来缓解和掩饰内心因说谎而产生的不安情绪，不过这些表情很难被仔细捕捉。但是不管撒谎者做出什么样的面部表情，如何掩饰，有一个小细节是任何撒谎高手在无准备的情况下都会露馅的标志——迟疑。也就是说，在他做出试图掩饰的表情之前，如微笑、大哭、愤怒、兴奋等，整个面部会有短暂的神色凝固，这是一种类似于停顿下来的比较生硬的面部状态，大约会持续两到三秒钟。

第四章
破案神探超清晰微镜头

线索三：捕捉瞬间的破绽

随着现代社会生活节奏的加快，人们都在为生活奔波。我们似乎无处不见人们的脸上带着似有非有的淡淡的愁容，尽管遇见熟人的时候还是会开心地打招呼，露出笑容，但是只要细心观察，就会发现招呼过后，那些笑容是很难持续的，甚至立刻就会消失不见。人们在感到悲伤难过、烦躁不安的时候，就会不知不觉展现出消极的表情。严重时，有些人还会面部潮红、眼睛突出、鼻翼张开、双唇紧闭，甚至目光呆滞。

情绪异常的人在不需要掩饰的时候会将内心的情绪通过各种方式展现得淋漓尽致，以求通过发泄来得到解脱。但是，在很多时候，比如周围的人都很开心的时候，尤其是在公共场合，理智稳重的人是不会将这些情绪随便表现在脸上的。可即使是这样，我们还是有办法进入他的内心世界。

重要的信息往往就掩藏在一瞬间。为此我们有必要善于观察，抓住瞬间的讯号，充分利用那些"转瞬即逝"的表情来洞察对方的心理。

举一个我们在生活中最常见的例子。同学聚会的时候，大家谈论

的话题很多，比如现在的生活条件如何如何好，有了稳定的收入后更是觉得生活很美好，有的已经成家，有的还依然在"单身俱乐部"里面混着，有的已经稳定，而有的还在寻找真正适合自己的生活……席间大家有说有笑，或许这个时间谁都没发现有一个始终都没有发话的人，他的表情看上去很正常，在大家笑的时候也会一起笑，偶尔会说："嗯！是啊，确实很好呢！"细心的人发现后会问他："你也说说你的情况嘛，别总是听我们说，自己瞎应和。"无奈之下，他就硬着头皮说起来，他说自己现在在一家外企上班，妻子很贤惠，但是最近出差了，他们逢年过节都会去看望各自的父母，一切都让他感到满足。说的时候，他的脸上始终都带着微笑，但是，这样的微笑有些不自然，偶尔还会有一丝愁绪掠过，并且，说完这些之后便很快陷入了沉默。这样显然很"煞风景"，多数人还是会相信，但细心的人很容易就从他脸上偶尔掠过的愁绪中看出端倪。后来，私底下在一个老友的反复询问下他才说了实话，原来现在他正待业在家，妻子最近在和他闹离婚，母亲也因为家里的事情操心过度卧病在床。

假如你接待一个客户，在听完你的详细介绍之后，他似乎还是有些犹豫要不要和你签约，但是你并不想放弃，于是努力做说服工作。而客户此时已经无心再听，出于礼貌或保持风度，他或许会一直保持微笑，嘴角做出上扬状，却并没有任何其他的面部表情，等时间过去几分钟了你才发现原来自己一直在说话，而对方始终保持着沉默并不参与你的话，细细观察一下，你也许还会发现他的上嘴唇在瞬间上扬，这是厌恶情绪的衍生，如果你不想彻底失去这个客户，那么就赶快停止你的滔滔不绝吧。

第二节　微镜头之二：应对

低头

假如我们仅仅是把焦点集中在对方的面部表情上，或面部表情的一点上，便会在不知不觉中错失许多有价值的信息。其中，观察对方的头部动作也是不可忽视的一个重要环节。人类的头部动作及其边缘是整个内心世界最直白的表现。它所蕴藏的内涵与情感的变化不会落后于面部表情。

隐藏在头部动作间的信息是十分有价值的，比如你在和某位领导聊天，他在和你说话的时候会抬头看着你，并且这样的动作在谈话的整个过程中一直交替持续，那么，你一定要对对方表现出足够的尊重，不能随便敷衍他的意见与建议。因为他对你、对这次谈话一定是非常重视的。这也从另一个角度提醒我们，在与人交谈的过程中，不管你有多忙，一定要将原先"埋头工作"的姿势调整过来。当你抬头看向对方的时候，也会发现对方的眼里有被重视的满足感，这样谈话的效果才会事半功倍。

但值得注意的是，抬头固然会引起对方的好感，有助于表现自己自信的一面，但倘若抬头的幅度过大，就会在视觉上给人一种后仰的感觉，看上去你似乎是在用鼻孔与之对话，容易给人过于自信以至于骄傲、清高、甚至势利的感觉。糟糕的是，如果被对方误以为是在挑

哞的话，那就得不偿失了。

　　与抬头相比，低头的动作就显得比较谦逊。一般低头表示的是使自己低于对方，有服从、礼貌之意。如果我们结合其他的动作反应，还能够判断出当事人想要表达的情绪和意愿及其程度。

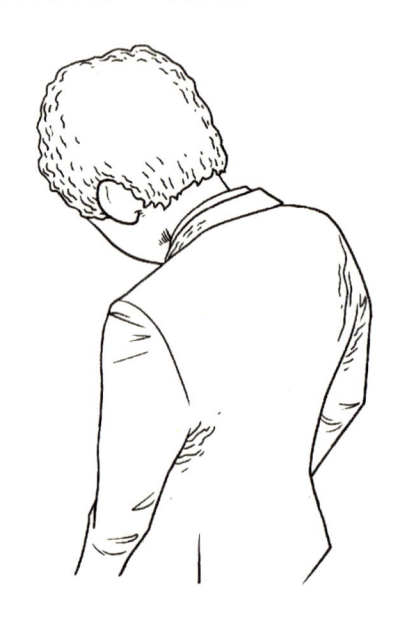

　　可低头不一定就代表真心诚意的服从和礼貌，如果在低头的时候脊柱依然保持挺立的状态并且看上去很有力度，那就表示一定的服从。但这类低头代表对事件本身的服从，却并不表示接受与认可对方传递的信息，因为还要结合面部表情做判断。譬如说，大人在责怪做错事情的小孩的时候，往往谆谆教诲，言辞间会为其灌输很多有用的大道理，但这在孩子的眼里却并不一定就是真理，虽然他也知道自己确实做错了事，于是低着头表示服从，可心里显然对那些"谆谆教诲"不认同——表面服从，内心并不认同，那么，此时他的脊柱往往就是直立的。如果低下头的同时，也真心表示愧疚，那么脊柱在直立的前提下会向前倾斜一个幅度，看上去就不再那么有力度。

相反，如果脊柱是弯曲的，背部微驼，更有甚者身体的其他部位也跟着一起降低姿态或弯曲，那就表明动作发出者当前并没有反抗的意思（不代表认可）。如果排除礼仪需求和有意识加以培养的动作，我们就可以认为，人在站立的时候低头，并且脊柱弯曲，是出于对对方的完全认同，有的时候也是对身份差异的认可。

低头还表达一种心理——隐藏和逃离。低下头，脸就朝向了地面，似乎要把脸藏起来，试图用这种方式来减少对方对自己的关注程度，进而获得心理上的安抚。人在害羞的时候就经常做这样的动作。害羞的人心里存在某种担忧，担心暴露出不足和缺点而减少了认可和接纳，于是将自己的脸隐藏起来，但旁人从其他肢体语言中就可以读出其害羞的心理。当然，一个人在愧疚的时候也会下意识地低下头，当自己很清楚地意识到不足和错误时，会因担心客观评价降低而低下头。这种类似的情况也并不一定就要低下头，有些人也会在惭愧的时候闭上眼睛，或视线看向下方。

点头

一般而言，点头是一种表示赞同的动作。仔细观察人们在点头时的动作就会发现，点头时，身体会向前倾，这恰恰又是一种表示恭敬的态度。没有人会拒绝尊敬，所以点头在人际交往的过程中是非常有利于拉近关系的。

在听别人说话的时候，如果适当地加入比较缓慢、有规律的点头动作，就会让对方感觉到你是很认真地在倾听他诉说，给予了他

足够的尊重，并向他表示"我对这个话题很感兴趣呢""我很赞同你的说法"等；但如果点头的动作很快，就有"阻断"的嫌疑，似乎在向对方表示"我感觉很枯燥乏味""我已经不想听了""你就别再说了"等。

摇头

摇头是与点头相对的一个动作。当人们对一件事感到不满或表示拒绝时，会做出摇头的动作来。摇头的方式很多，其中最常见的是将头部从左边移向右边，再由右边移向左边，这样的动作通常表达的是不同意和拒绝；还有一种摇头的方式是把头猛地转向一边，然后再回到原来的位置，这个动作又叫"单侧性摇头"，它所传达的信息是"不""绝不"等；再有一种方式是将头部倾向单侧，看上去好像是半转半倾的姿势，这种动作是在向遇见的人说："我很开心在这里遇见你。"

我们在日常生活中也常会发现，当长辈听说某个小孩子做了什么

第四章
破案神探超清晰微镜头

不好的事情的时候，往往听完后会叹上一口气，同时做出摇头的动作，这表示的是失望。

在不同的地方摇头其实表达的意思是有所区别的，譬如在印度、尼泊尔等国家，人们摇头表示接受与肯定，而在新西兰、菲律宾等地，部分居民会习惯用仰头来表达肯定。

布尔是 FBI 的一名特工，一次在印度度假的时候遇到一件小事。当时一起去旅游的还有一群好友，其中一个叫克里斯蒂安的人是布尔的老同学，他好几次都在大家面前吹捧自己的印度语有多么流利。游玩一整天之后，大家觉得应该找个酒店好好休息一下了，于是克里斯蒂安就拦了一辆出租车，并很快与司机交谈起来，听起来克里斯蒂安的印度语几近生硬，这本来就让克里斯蒂安有点儿心虚，再加上这个时候司机竟然微笑着向他摇了摇头，顿时让克里斯蒂安面红耳赤，一下子就陷入了尴尬的境地。但克里斯蒂安还是强忍着再说了一遍，结果没想到司机还是摇头。后来克里斯蒂安实在是忍不住了，便用流利的英语将这位一直摇头的司机大骂了一顿，司机听懂了，也和克里斯蒂安激烈争吵起来。布尔其实一开始就知道了，之所以没有上前解释是想给这个一向自视甚高的克里斯蒂安一次教训。后来布尔上前劝阻，他对克里斯蒂安说："印度当地人摇头表示的就是好的意思，是你理解错了。"一场争吵这才渐渐平息下来。

歪头

头部的动作是多样的，不只有抬头与低头、点头与摇头，并且在

不同的情况下,头部的旋转方向也是多样的。当一个面部表情悲伤的人面对陌生人的时候,他会将头部转向侧面。破案神探认为这其实是一种自我隐私的保护意识,他不愿意把自己内心的情感向陌生人展现。有的时候,人们也会出于某种保护性本能,将脸移向相反的方向来避免一些可能会对自己造成危害的事物等。

还有一种动作是将头歪向一侧,心理学专家认为,相比较于上述几种头部的动作而言,歪头更能够给人一种顺从之感。一般,歪头的同时会露出部分脖子。前文也提及过,颈部是人体中较为敏感和脆弱的部位之一,露出颈部代表着某种程度上的放松和面对形势的安然心态,只有在当事人觉得没有危险的情况下才会做出该动作。

这种动作其实是源于人小的时候,总是会很自然地依偎在大人的怀里,尤其是自己的父母,并且将头靠在爸爸或妈妈的肩头。而这种行为在成人的世界里却是很少见到的,尤其是那些成熟的、自命不凡的男性,因为女性与儿童希望被保护的愿望远远大于男性。一个表面上再强悍的人,只要歪头露出他的脖子,那么他的形象立即就会发生转变,歪着的脑袋和露出的脖颈给人一种亲近温柔之感。如果一个女人在与你说话聊天时将自己的脑袋歪向一侧,露出了自己优美的脖颈,那是她对你放松了警惕的信号,那么很可能是她对你有好感了。

相应地,如果一个人将头部收回,把原本向前倾斜的身体向后移,整个人也就远离了对面的人与事,这就表示此刻他已经对眼前的一切感到不满或反对了。相反,当一个人将他的头部向前倾,就说明他对眼前的事物或眼前的人是很感兴趣的,并且充满了爱意;但如果是两个正在吵架的人，前倾的头部就代表局势不容乐观，头部前倾的一方必定是对对方产生了很强的敌意。

脖子

我们说过，颈部是人类最为敏感和脆弱的部位之一，其实脖颈间藏着很多小秘密，它们都会在不经意间将你的情绪暴露无遗。在日常的人际交往中注意观察对方脖颈间的小动作，就能及时洞察他的心理。

当人们在感到疲劳、紧张和不安的时候会用手触摸自己的身体，以此缓解压力，其中颈部的小动作便是最明显的情绪显示器。一旦感觉到不适或者危险，大脑就会指示做出一系列的颈部小动作，而这个时候即使你一言不发，保持缄默，旁人一样可以通过你的这些小动作发现你在情绪上的变化。女性在面临负面压力或恐惧时会比男性更加容易做出这样的动作。

女性一般会将手放在她们的喉结与胸骨之间的浅凹部位，也叫作"颈窝"。如果看见一位女士将手放在"颈窝"上，那么多半说明她感到不安与紧张了，可以根据这一线索来判断她此时是否在说谎或者她面临的环境是否给了她很大的压力。

但是男性却没有那么容易就做出这样的动作，一方面因为男性在面临压力与恐惧时会更加想要去掩饰，而不是向别人泄露；另一方面也是因为男性在动作上的幅度比较大，很少关注颈部，他们的减压方式多半是用手揉抚颈背部，或者捏起下巴以下、喉结以上的部位，以按摩的方式舒缓神经末梢血管、降低心率，起到调节、镇定的作用。有的时候，他们还会用手来调整衣领或领带，似乎给人一种"透透气"

的感觉，其实这个时候他多半是在给自己减压。这一点在阐述手部小动作的时候已经做了详细描述。

颈部是人类在面临压力与危险时，第一时间想要去保护的身体部位之一。它是人类比较脆弱的身体部位，只有在面对最亲密的人时，人们才会放松警惕。试想在拥挤的电梯里，面对陌生人，出于天生的自我保护意识，人们总是会提高警惕，更不会轻易地将脆弱的一面放心地展露给陌生人。同时在双方谈话的过程中，如果发现对方将双肩向上提了提，那就表明他现在很想把脖子藏起来，也就是说，他正处在紧张、焦虑、不安、没有信心的状态下；还有那些处在热恋阶段的恋人，常常都会有大量摸颈行为，女方会不停地玩弄自己胸前的项链，男方也会时而整理自己的衣领时而做出一些摸颈的小动作，那么不难判断他们是紧张的，并且又羞于让对方发现。

如果一个人缺乏自信或者是正处于困境之中，一个很明显的标志就是"缩头含胸"，因为这样就会将脖子完全隐藏起来，在心理上会有一种"安全保护"的错觉，似乎能够很安全地将内心的自卑藏起来，别人看不到他的脖子，也就不会看穿他的内心。正是因为从脖颈间可以看透一个人当时的心理情绪，因此，根据这些情绪与心理，还可以透视一个人的性格。有时候我们会听到朋友说某某真是"硬脖子"，"硬脖子"顾名思义就是脖子僵硬不动，一直保持警惕，不肯将脖子展露给别人，这就意味着他具有那种顽固不屈、在任何时候都不愿意低头的倔强性格。在外形上，粗壮的脖子往往会给人勇猛、好斗的感觉，这点在男性身上表现得尤为明显，而那些有着细而长的脖子的男性，就会让人觉得他缺乏进取心和男子汉气概，但是在女性身上却恰恰相反，细长并有着漂亮曲线的脖子已经成了女性优雅气质的标志。

耸肩

一个人在说话的时候耸肩或缩肩有可能是出于自身的行为习惯，但是从心理学的角度分析，它其实反映的是一个人的心理变化。

我们似乎经常见到一些西方人做这样一个动作：双肩耸起、摊开掌心朝向上方、胳膊肘上半部分完全紧贴在身体一侧，下半部分连同手腕一起向两侧展开，嘴巴里还说："我不知道，不关我的事。"这个动作带有比较典型的防御性，在没有其他物理威胁的情况下，是遭受神经威胁时产生的自我保护反应，给人的感觉似乎是"无所谓"，是对某件事物的怀疑或不了解。而耸肩的动作也暗示了一种示弱心理，一边耸肩一边摊开手掌表示"我很害怕，我不敢，我没有任何进攻和反击的能力"。因为摊开的手心表示自己并没有武器在手。

一个人在说完一句话后，将单侧肩膀快速耸动几下，即局部耸动，表示的意义就是没有安全感、无法承担。如果在说完某句话后出现这样的动作，那么，它所传达的信息就是"不可相信"。学者研究指出，这是不自信的表现，进而我们就可以推测出他有可能并没有对你说出实情。单侧的耸肩动作属于不完整的耸肩动作，是完整耸肩动作的弱化，如果不留意观察很难发现，但是在破案神探的微镜头里，再细微的小动作小反应都难以逃脱。

注意，如果他的肩膀向上耸动的幅度很大，并且两肩的动作一致，情况就刚好相反了——他并没有说谎话。因为一个人对自己所说的话感到确信无疑的时候，他的内心应该是坦然的，伴随出现的耸肩动作也会是充分背离重力的，让人感觉到他内心的自在和无所隐藏。

如果是肩部的收缩，即缩肩动作：双肩慢慢上升，直至达到耳根的高度。这种动作的直接结果就是将自己的脖子深深地隐藏了起来，像海龟一样。这种动作由此而得名——"海龟效应"。我们已经知道，脖子是人体中最为脆弱的部位，"海龟效应"的直接结果就是将这一脆弱部位隐藏起来，那么就不难理解，这个动作所透露出的信息是"没有安全感、没有自信心、情绪低落"等。经常有这种动作的人，往往在生活中缺乏勇气、不自信、胆小怕事或者是心虚，担心被人识破秘密。

在这些人的心里往往藏着不为人知的秘密，一面要极力做好掩饰，一面又担心被识破。尤其是扒手在行窃完毕准备离开作案现场的时候，人们就会在他们身上发现很明显的"海龟效应"——只见他们弯腰驼背，好像要将自己的头像海龟一样装进身体里，恨不得全世界的人都不要看见他，有的人还会竖起衣领，挡住脖子。这类行为无疑就是"掩耳盗铃"，认为自己缩起肩膀，将脖子甚至整个头部隐藏起来别人就看不到他了，其实不然，这反而会更加引起追捕者的注意。

第三节　微镜头之三：安慰

既然人类的许多情绪都能通过行为举止表现出来，那么当这些情绪表现出来后，人们就会通过另一些行为加以缓解。一个人在受到负面刺激后很可能会出现一些反应，当说谎是迫于无奈，身体便会感到不适，进而为自己的不适寻求"舒适"的安慰反应就出现了。这其实也是一个循环的过程，当人们感到不适时往往会本能地做出相应的动作来加以缓解，但是在旁人眼里，这往往也会传达出你不适的信号。

缓解不适的行为在心理学上又叫"安慰行为"。但是这样的安慰行为并不只属于人类，在动物的世界里也常会出现。比如，你在午后捧着一杯茶静静地坐在阳光下，旁边是你的小宠物，它也在尽情地享受着温暖的阳光，偶尔会用小爪子挠挠身体的某些部位，那么，你的小宠物这时候的抓挠行为就属于安慰性的行为。你也会看到动物时常会用舌头去舔自己的同类，这同样也是一种安慰行为。

但是人类与动物是不同的，人类的安慰行为的方式有很多。譬如面部安慰、口唇安慰、言语安慰、眼睛安慰等。

面部安慰

破案神探根据长期工作实践总结得出，观察一个人的脸部能够看出他是不是在进行自我安慰。

第四章
破案神探超清晰微镜头

一般处在紧张状态下的人会抚摸自己的脸，有的人会轻轻地拍打脸颊，有的人会轻揉额头。如果他在说完一句话后将嘴唇抿紧或者用舌头舔舔嘴唇，这就表示他正处在紧张、焦虑的状态下，想要通过这样的方式来缓解目前的情绪，那么他刚刚说的话就是不可信的；假如对方在说完话后鼓起脸颊，然后再轻轻地呼出一口气，这就表示他很可能说出了压在心里很久的话，现在终于可以放松了，这是释放压力的一种安慰行为。

像我们经常见到的摸鼻子、揉捏耳朵、摸胡须、摸下巴等，都是来自紧张压力下的安慰行为。比如摸鼻子，人们说谎时会在鼻腔里出现一种叫作儿茶酚胺的化学物质，在鼻腔的内部组织里引起不适，就会用手去揉摸鼻子以便缓解。这一规律一经发现就被用来判断人们所

接触到的人对他们是不是存在戒备之心。

它也同样适用于我们的日常生活，比如想了解交谈双方是否有一方不够真诚、说了谎话；对方是否心口不一，明明嘴里说的不是心里想的，还在一味地掩饰等，都可以通过摸鼻子的小动作来加以初步判断。但需要指出的是，假如是因为感冒或者花粉过敏，就要另当别论了，摸鼻子不一定都是在说谎，即使是谎话，也还有恶意与善意之分。因此，在实际生活中，我们还要学会根据具体情况具体判断。另外，也要注意，摸鼻子的动作在女人中间出现的比例比男性要低。

这类动作是不经过思维意识、在大脑相对低级的边缘系统器官组合控制而成，一般人是很难控制的。究其原因是什么呢？其实是因为面部包括头部和颈部的皮肤密布血管神经，并且距离中枢神经的脑器官最近，而且颈部也是中枢神经系统和身体部位神经相连之处，如果安慰该部位就可以直接起到有效的缓解紧张和压力的作用。另外，颈部也是身体极其敏感的部位，露出颈部表示信任和放松，而藏起颈部则反之，揉搓脖子的安慰动作往往达到的效果最佳，这也是很多人在紧张和压力的作用下会在颈部做一系列小动作的原因了。研究显示，当一个人遭遇压力时，女性习惯触摸颈窝处，而男性喜欢拉扯衣领，因为在拉扯衣领的时候，头部可以向下缩，进而藏起脖子。

在这类安慰性动作中，一些比较聪明的人还是会比较隐晦的，譬如触碰镜框、调整领口或领带、整理发型等，女性还会将手指放在第二颗纽扣上，或直接捂住锁骨、抓住项链，揉捏耳朵的时候"顺便"调整一下耳钉，或者是将头发向后向前拨弄……这些看似不经意的小动作，在正常情况下也许并没有什么，而一旦出现在一个关键问题后，就非常具有深究的价值了。

口唇安慰

有的时候，我们会发现某个人在不停地打着哈欠，在他旁边的人甚至也会被感染。其实打哈欠并不一定说明他困了，往往是因为他的压力很大。人们在感到压力的时候时常会有口干的感觉，"打哈欠"会将人体的压力传递到唾液腺上，这个时候嘴巴的伸张会使得唾液腺释放出水分，以此来缓解压力之下的口干舌燥之感。

人在紧张的时候往往需要更多的能量用于消耗，这时候神经密布的区域的血液循环就会加快，温度也随之上升，进而促使皮肤表面变得干燥。嘴唇其实就是神经密布区域，在遭受压力和紧张的时候尤其容易出现此类情况。当然，紧张的人不一定就是说了谎话的人，但如果从说谎的角度分析，一般一个准备说谎以及已经说了谎话的

人，在紧张神经的作用下嘴唇很容易变得干燥，如果此时他做出舔嘴唇、抿嘴唇、牙齿轻咬嘴唇等动作就再正常不过了。

这就提醒我们，在一个负面刺激出现之后，或者在当事人说完一段可信度不高的话后，仔细观察这些小动作就会找到谎言的线索。

何伟是一个年轻有为的工程师，外表帅气，但至今已经35岁的他还是形单影只。公司里有一个同事叫李伟，因为同名，两人似乎惺惺相惜。一次李伟借聚会给何伟安排了一次特殊的相亲，因为知道何伟一向很爱面子，单独的面对面相亲反而使他排斥。聚会上，李伟刻意安排他们坐在一起，何伟还蒙在鼓里，只当是李伟的朋友，也就友好地相待。中间趁上洗手间的空当，李伟提醒何伟说，坐在何伟身边的女孩对他很有意思，希望何伟考虑考虑，并且女孩目前在一家国企上班，各方面的条件都很好。

结果何伟还是拒绝和女孩交往。李伟不解。"你小子到底要找个什么样的？你说！"何伟用手摸了摸下巴，想了一会儿说："性格和我合得来的。"李伟显然对这个回答很不满。"你都不和她相处怎么就知道性格合不合得来？"何伟舔了舔嘴唇，然后轻轻吸了一口气，又用牙齿慢慢咬了一下下唇。"那就温柔贤淑的最好。"李伟看着何伟，一脸的不相信，心想：这小子的回答明显是冠冕堂皇的应付。"这样吧，我来问你，在外表和长相上你有什么要求吗？"此时何伟用手整理了一下头发（实际上何伟是平头），再次舔了舔嘴唇并咽了一口唾液说："有啊，最起码要身材好，长得好看一点。"李伟笑起来，这才知道为

第四章
破案神探超清晰微镜头

什么，女孩虽然各方面条件不错，但长相确实是普通了点，难怪何伟看不上。

何伟在和李伟对话的时候，反复做口唇安慰的动作——舔嘴唇、咬嘴唇、吞咽唾液，表明在谈话的前半部分他根本就没说出自己心里最在乎的一点——身材好，刻意隐瞒或许是不想给人留下注重外表的浅薄印象，因此在说了违心的话之后产生了不安，为了缓解这种不良情绪才反复做口唇间的安慰动作。

其实吞咽唾液类似于吃东西的动作，假如真的是在吃东西，那就没有分析和判断的价值了，关键是在口腔中什么都没有的情况下，大口地吞下唾液就很难不引起旁人的怀疑。一般人在正常情况下（没有任何刺激），想要吞咽下一口唾液是有点吃力的，尤其是在嘴巴里没有或者口水不多的时候，要想做这个动作就要牵动口腔、舌头、喉咙等器官的运动，因此要刻意做吞咽的动作似乎并不简单。但受到负面刺激的人，尤其是恐惧、惊慌、尴尬、兴奋等，因为试图去缓解，才在不知不觉中积累出过多的唾液，也有一些人是因为嗓子眼里感觉干燥急需滋润而咽唾液。但不管怎么说，吞咽唾液属于口唇间的安慰性动作，为了安慰不稳定的情绪，对测谎者一样具有研究的价值。

实际上破案神探还有一个很有趣的发现，抽烟其实也是一种安慰性行为。吃东西是对味觉的刺激，抽烟也一样。很多人说抽烟是因为烦躁不安，烟可以帮助他们缓解焦虑的心情，也可以麻醉神经或提神。烟草的味道的确可以起到直接刺激神经系统的作用，所以

在很多时候，在抽烟的整个动作过程中，一系列的心理反应就展露无遗。

眼睛安慰

最常见的就是揉眼睛，除非是你的眼睛真的不舒服了，要么就不要轻易地做出这样的动作来，因为这个动作所隐含的意思是"连我自己也不确定呢，我说的话不可靠"，或者是"我不想面对你"。前面我们也说过，即使是一个小孩，当他面对不愿意看见或不喜欢的事物时，都会下意识地转移视线，或者是用手将眼睛捂住。而在成人的世界里，尤其是在实际的人际交往过程中，人们做得最多的往往是揉眼睛，因为捂住眼睛的动作太过明显。说谎所产生的心理压力需要通过一些小动作来缓解，揉眼睛不仅可以缓解不适，还可以将眼前正在欺骗的对象暂时移出视线，避免在情绪紧张时双方目光的直接碰撞。

与揉眼睛传递的信号类似的还有眨眼的动作。一个说了谎话的人，他的眼睛眨动的频率会有所变化，首先会降低眨动的频率，这样才能使自己尽量保持比较冷静的情绪，以便"睁着眼睛说瞎话"，然后就会加快眨动的频率，这是焦虑、担忧情绪控制不住的表现，这种眨动眼睛的小动作就是说谎者最明显的标志了。

另外还有视线的转移，同样是在面对不喜欢的对象时做出的安慰性反应。引起视线转移的因素很多，因此视线的转移和视线的逃避还是有区别的。视线的暂时逃离实际上是对自己心情的安慰，但逃避后的视线怎么投射以及各个方向的投射都代表着什么样的情绪，我们在第三章中都有过详细的阐述，这里需要特别指出加以留意的是，也有人在回避了对方的眼睛之后，将视线投向了另一个人或另一件事物上以寻求心理上的安慰。但同时，我们也要注意，不能太过武断地就认为，一个转移了视线的人或转移后看向左边的人，就一定是在说谎话，因为个人的习惯不一样，需要你相当熟识一个人并了解他在正常情况下不说谎的表现才能做出准确的判断，以免错怪了别人。

言语安慰

大量实践证实，情绪的安慰有很多种方式，一个人在面临危险或压力时会在不同的情况下做出不同的反应。抑郁症患者总是会自言自语，就是因为他们想通过与自己对话的方式来缓解精神上的压力；如果你的朋友喜欢吹口哨，也许他会时常感受到孤独，所以就采用吹口哨的方式来安慰自己；如果在你的身边有一个平时不怎么说话，而一说起话来就一直叽叽喳喳说个不停的人，那么你千万不要嫌他烦，而是要耐心地听他说下去。因为这个时候他一定是紧张的、心情烦躁的，需要用说话来缓解内心的压力。

如果你足够细心，或许还会发现，很多人还喜欢哼唱歌曲，即使哼得并不好听，但只要他喜欢，你可以听出他藏在曲调中的愉悦、享受的心情。当然也有一些人心情不好的时候就跑进KTV随便点上几首歌曲，在包房里声嘶力竭，其实这也是缓解、安慰情绪的一种方式。

身体安慰

在那些接受审讯的罪犯身上,时常会发现他们将双手放在大腿上来回地摩擦。这样做一方面是因为他们想要擦去手心的汗,另一方面,他们也正是通过这样的动作来缓解当时的紧张情绪;在生活中我们还会发现一些喜欢咬指甲的人。咬指甲也是一种面临压力时不自信、没有安全感的反射信号。尤其是在面试的时候,常常会发现那些等待面试的应聘者会咬指甲,这是极度不自信的一种表现,担心形势会对自己不利。

有的人在面对恐惧与压力时,还会将双臂交叉环抱在胸口,或者是用手掌反复摩擦肩部,看上去似乎感觉很冷的样子;肚子疼或胃痛

第四章
破案神探超清晰微镜头

的时候，用手压在胃部就会减轻疼痛，这些都是在遇到危害、内心遭受困扰，大脑告诉我们"不要离开，我需要保护"的信号时手臂随之做出的反应，这个时候手臂就会乖乖地保护我们的身体。

一个情绪受创的人，在他内心极度悲痛的时候，人们就会发现他喜欢双臂环抱并下蹲，整个身体缩成一团，默默地躲在角落里。这个时候他是在为自己营造一个秘密空间，任何人都不可以进去打扰，仿佛在说："谁都不要来安慰我了，我需要自己一个人待会儿。"

在我们的日常生活中有一些人喜欢将手臂放在胸前，那么，这些放在胸前的手臂代表的是什么意思呢？

环抱在胸前的手臂分为五种类型：一是手臂环抱，双手自然放置于两肋之间；二是手臂环抱，双手抓住手臂；三是手臂环抱，拇指在腋下露出；四是手臂环抱，双手握拳；五是一种在女性中较为常见的类型，即单臂环抱，一只手紧抓着垂直手臂的肘部，它表示的是羞怯、紧张等情绪。但不管手臂是以怎样的姿势环抱在胸前，它最基本的含义是拒绝。因为这个时候的手臂是在极其谨慎地保护着自己的身体，这样的动作源于最初的母亲的拥抱，婴儿在小的时候常常会被母亲抱在怀里，被母亲的温度温暖着、呵护着，久而久之，这样的姿势就代表了一种安慰，一种面临危险时渴望的保护，尤其是在后来慢慢演变为自我环抱的姿势以后，它所代表的其实就是一种自我保护，一种自我空间的需求，不愿意被人侵犯。

在我们谈话的时候，对方如果摆出类似的姿势，就表明他是在拒绝或者对这次的谈话毫无兴趣。他用这样的手臂姿势来告诉你："我不同意，我不感兴趣。"这实际上是一种情绪的抵抗，以此来起到自身

不满情绪的安慰作用。

　　横在胸前的两只手臂本身就暗示了一种形式上的阻碍，在面前架起一面"隔离屏障"，表示此时的自己是不愿意与人交流的。同时，这样的"隔离屏障"也在双方之间造成了一种距离，即便这个时候你的脸上挂满了微笑，但是你的双臂已经在暗示对方，你希望与他保持距离。在谈话的过程中，如果看见对方忽然之间将双臂环抱起来，那么，他一定是在某个问题上与你产生了分歧。需注意，如果此时你发现对方在双臂环抱时，腋窝下还露出了大拇指，那么这表示的是主体强烈的优越感。这个小小的细节，如果不细心观察是很难发现的，往往在年轻人或者是年轻领导人的身上最为常见，因为大拇指一般代表的就是威信和权势。

第四节　微镜头之四：冻结

心理学认为，冻结反应是动物乃至人类最本能的反应，在遭遇意外刺激后首先会减少肢体动作保持静止状态，短暂却很重要，同时大脑会对此做出分析和判断，直到采取相应的应对措施。这种在受到刺激后首先出现的瞬间反应称为冻结反应。破案神探解释说，在遭遇刺激的时候，神经系统会高度集中，进而使得身体的其他运动大量减少，甚至停止。出现这种情况大概有两大原因：一是因为神经系统高度负重，无暇顾及，身体运动的减少也可以减轻其负担；二是因为此刻实在还不是做动作的时候，为了避免多余的动作带来不必要的"麻烦"，只能先停下动作思考充分之后再做行动。

面部表情的冻结

出乎意料的惊喜会让一个人极度惊讶，面部表情也会出现瞬间凝固：眼睛微微睁大、眉毛高挑、嘴巴在不知不觉中张大，有的人甚至还会倒吸一口气，喉咙里发出倒吸气的声音等，女士有时还会用手捂住嘴巴，随之而来的就是舒展开来的面部表情，喜悦溢于言表，夸张一点的还会欢呼雀跃，大声喊叫。

但惊讶之后更多的可能还是恐惧、厌恶、愤怒，甚至是攻击，因为对于负面刺激的惊讶反应几乎很短暂，我们用肉眼几乎不可察觉，但在惊讶的一瞬间，神经系统高度集中用于处理当前的复杂信息，以

便做出应对决策。试想，如果某天你在等车的时候忽然想起来自己没有带昨夜准备的重要资料，你的第一反应可能还是出现片刻的表情凝固，肢体此时也不会做任何动作，之后才会考虑要怎么办，是现在就回去拿，还是有其他解决方法。

面部表情本身就带有一定的欺骗性，因为主观控制导致我们眼见的并不一定就为实。生活中很多人会为了保持礼貌而做勉强微笑状，而过大的负面刺激会促使一个人失去他本有的修养、风度与矜持，表现在面部表情上的冻结动作是：表情单一或始终不变，面部肌肉僵化，眼睛这个时候很难再有光泽，一般都是目光聚在一处，渐渐处于失神状态。这多半是不知所措的尴尬、愤怒、失望、悲伤等，继而是寻求解决措施的思想激战，最后才会做出应对，是忍耐还是爆发。

假设你的同事当众揭你的短，为了保持风度，你先是置之不理，一笑而过；后来"玩笑"越开越大，他居然在聚会的时候当着经理的面把你和女友交往的细节说给大家听，你不知所以然，不明白他怎么会知道这些细节，但他说的又确确实实，你无以辩驳，面部表情在瞬间僵化，看着揭你短的同事正和大家一起笑，你的眼睛也会慢慢失神，不知道该如何来应对这样尴尬的局面，胸中的愤怒一触即发。即使这个时候，你依旧保持君子风度，但想必在场的所有人都已经看出了你的尴尬和愤怒。

呼吸的冻结

小时候我们在写作文的时候，经常喜欢用到的一个词语就是"屏

第四章
破案神探超清晰微镜头

住呼吸",当需要搜索周围细微声音的时候,似乎连自己的呼吸声都需要停止。在猎人打猎的过程中,被追击的动物如果不能顺利逃脱,那就只能暂且躲避一下,但动物也很聪明,它们在藏起来的时候往往不会大口地喘气,因为这样很容易暴露自己的行踪。生活中,人们在遭受巨大打击,甚至身处险境的时候,往往"连大气都不敢喘",似乎这样就可以减少敌人对自己的关注,进而降低自身危险。

在面临负面刺激的时候,当事人如果减少呼吸或者停止呼吸,表明他的心里正在承受恐惧的压力,却不敢逃走或反抗,并始终在担忧与恐惧的心理状态下等待着结果的降临。如果你发现一个人在一句话之后出现呼吸冻结,那么该句话很可能就是有效的刺激源,假如他之前说的话与此时不符,那他有可能是做了隐瞒。

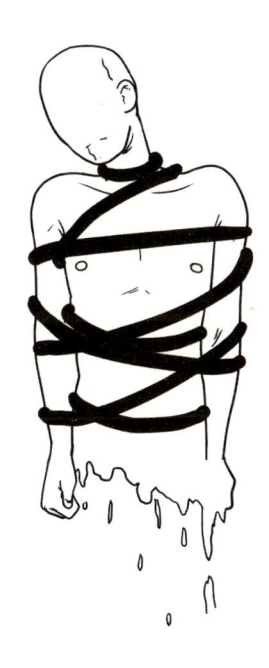

手臂的冻结

冻结行为是人们在特定的情况下持续不变的某一动作——或者是面临危险时僵持不动的四肢，或者是遭遇惊吓时呆若木鸡的躯体，也或者是为了避免不必要的麻烦而刻意减少肢体动作等。它普遍存在于现实生活中，试想挤在水泄不通的人堆里，为了防止扒手将自己包内的物品偷走，人们会很小心地将手臂压在包口，或者是将包抱在胸口，直到确定已经远离了威胁才会慢慢放松。在这个过程中手臂所做出的反应就是一种冻结行为，正是通过这种冻结来保护自己的贵重物品。

假如一个扒手出现在公共场合，尤其是有警察出没的地方，他们就会担心手臂动作暴露自己的身份，于是会刻意减少手臂的动作，以此来降低被发现的可能性。但是这在旁人看来却显得很奇怪，有经验的警察就会看出其中的破绽。

虽然手臂在面临危险的时候总是会帮助我们免受伤害，但是，当极度恐惧的时候，我们的手臂也会被冻结。比如，你和你的家人正在看恐怖电影，电影里的画面正好是一个幽灵按响了某家的门铃，你们的神经正处于高度紧张的状态，然而不幸的是，你就真的听到自己家的门铃响了起来，所有人的神经都在一瞬间凝固了，身体僵硬，手臂也悬在半空中，动弹不得。结果怎样呢？后来才发现，按门铃的其实是隔壁的邻居，想要向你们家借一把水果刀。

当人们面临危险，并感到极度恐惧的时候，手臂就会出现一些冻结反应，这其实是在大脑的指令下身体所做出的一种边缘反应。

还有一种冻结是双手的约束。还记得第一次上讲台吗？可怜的双手似乎不知道要怎么样放置才好，有人问你，也许你说："呵呵，太紧张了，有点不自在。"实际上紧张、不自在源于担忧，担心自己不被大家认可，担心自己表现得不够好……虽然你强颜欢笑，站直了身躯挺起胸膛，但是双手呢？过度紧张和担忧会使双手在不知不觉间僵硬，就像很多女孩在站立的时候经常将双手交叉放置在腹部前方，并且相互牵着，同时略略压低的下巴加上一个害羞的表情，看上去显得娇俏可人。这样的动作极少在男性中出现，他们多半是把自己的手藏起来，不是插进裤子口袋就是背在身后，有的人干脆以为这是潇洒的姿态，双手或一只手插进裤子口袋显得非常酷，而实际上心理学家认为这恰恰说明了当事人的一种心理状态，一般多是不自在、不放松，或紧张、不知所措等。

收缩的肢体动作一般代表的是隐藏、示弱心理，相反那些具有强大掌控力的人往往会做出肢体伸展的动作。因此，我们如果发现一个人做出这样的冻结动作，那很显然是因为担心受到负面刺激，也可说明他当前正处在心理劣势的状态下，防御心理已经比较弱了，这时候就更加容易受到刺激，并且反应也会更加明显。

双脚的冻结

同手臂的冻结一样，双脚在遭遇危险的时候也会瞬间陷入静止状态，最常见的是双腿并拢而站，挺直的同时肌肉紧绷，双脚也死死地扣在地面上，保持原始的摆放状态，这是因为大多数人在清楚不能逃离的情况下所能做出的动作，而几乎很少会有叉开双腿的站姿，紧张的神经促使双腿并拢并切断了逃离的可能性。这个时候也是以减少

动作来降低被注意的可能性及变数，以免因为动作而引来更为强烈的刺激。

　　而在坐着的时候出现冻结也是源于精神的紧张，负面刺激一旦起到作用，坐姿立马就不再是起初放松的状态了。说到放松的坐姿，是因人而异的，但整体看上去都是比较随意自然的，当然要求一个人在比较放松的状态下做肢体冻结动作，恐怕是有点难度的。

　　坐姿里比较常见的冻结行为大概就是利用椅子或其他的东西把双腿约束住，使它们不能随意乱动。在前文中我们提到过一个叫作"脚踝紧锁"的动作，这就是一种冻结动作。另外还有把两只脚分开分别放置在椅子前腿的后侧，让这两根椅腿挡住脚不能向前运动，双手也会相应地固定放置在大腿上，或交叉或相互叠交；如果椅子或凳子前方有一条横杠，有的人也会将两只脚并拢放置在横杠上面不动弹。

　　现实生活中，很多人在陌生的场合几乎都很难做到自然大方，如果大方得体，那是需要足够的自信的，还要对整体形势有所了解并且有能力进行掌控，否则就会显得束手束脚，站立或坐着的时候很容易就出现冻结反应。

第五节　微镜头之五：占领

在前一章我们已经重点讨论过一个人的躯体空间距离是多么的必需和重要，正因为如此，一旦出现自我空间被侵占的现象就会引起当事人一系列的反应，有可能是自我保护，也有可能是做出反抗。其实领地的确认不仅仅是因为躯体的空间距离被侵占，还可能是想要营造气场，为自己创造一个"王者"的形象。

而人类领地的建立主要凭借的还是四肢，即双手和双腿。

双臂的领地占领

很多人在走路的时候，会不由自主地将双臂大幅度地摆动，或者在拥挤的公交车上，为了避免旁人靠自己过近而用手臂环绕在腹部，如果身上还挎着包，尤其是女士，那么手臂在这个时候会紧紧地压在包的外口处，同时充当着身体与包包的掩护者。其实那些走起路来大幅度地摆动手臂的人，一方面也许是出于习惯，另一方面是因为他们想利用摆动起来的双臂来捍卫自己的领地，为自己争取到更大更多的个人空间。更为有趣的是，在过马路的时候，如果不远处有辆缓慢行驶过来的车，你或许还会伸出一只手来做出"推"的姿势，这样的动作意在用自己的手在对方和自己之间建立起一道保护屏障，不允许其靠近，以保证自身安全不受侵犯，实际上纯粹属于防御性动作。

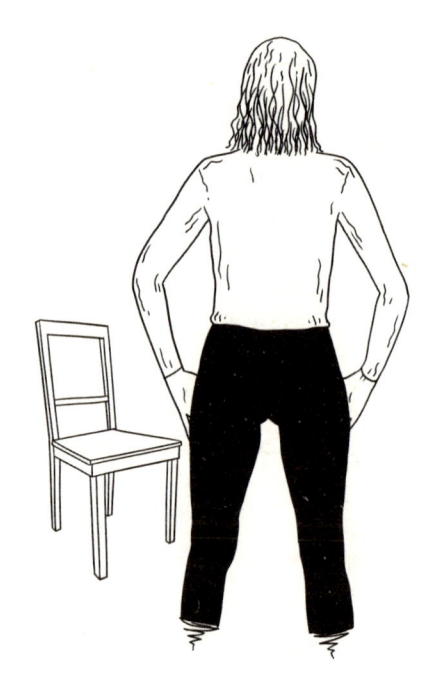

不仅是在走路的时候，站立时的这种捍卫行为也可以通过手臂表现出来。在日常生活中，两个站着争吵的人，往往还会摆出"双手叉腰"的姿势，看上去气势汹汹，人们常说："你看你那一副想要吃人的样子。"很形象地形容出了它所给人的望而生畏的感觉。这种姿势在许多权威人士的身上也会经常出现。像警察、军人、办公室领导等，不管做出这种姿势的是男性还是女性，都是表示自己的地盘神圣不可侵犯，大有独当一面、驾驭一切之势。与"双手叉腰"类似的动作，是在双手叉腰时，大拇指露在前方，双肘向外展开。这是一种表示好奇或担忧的动作。这样的站姿相比于"双手叉腰"的动作，已经大大减轻了权威性与气势，更多的还是不安、担忧或好奇的心理状态。

如果站立时双臂隐藏在身后，两腿叉开，头部抬高，眼睛看向远处，

第四章
破案神探超清晰微镜头

这是一种"帝王的站姿",多在王公贵族中出现,它表示的是地位的优势以及自身领地的神圣不可入侵,许多身份特殊的领导人在站立时经常做出这样的动作。

如果身处公共社交场合,也有一种姿势会经常出现——身体后倾双臂撑起,将双手放在后脑勺上。这也是一种捍卫领地的行为,有的人还会在双手抱头的同时将一条腿跷在另一条腿的膝盖上,它似乎在宣称:"我很舒适,这是我的领地,谁都不能来侵占。"

那些总是自信满满的人会比那些自卑或者不够自信的人占领的领地多得多,并且地位的高低也会影响到领地占领的多少。你可以通过一个人在公共场合所占领地的多少来猜测他地位的高低,一般情况下,一个人的地位越高,他渴望占领的领地就会越广,反之,就会越少。在许多商务会谈中,坐在椅子或沙发上的一方有时候会将手臂渐渐伸到椅子或沙发的靠背上,并逐渐扩大伸展的领域,那么,这便是在向你宣称,他对目前所谈论的话题有十足的把握,或者表示他正处在优势地位,并且也昭示了一种强烈的话语权的需求。但是,一旦触及一些令他不自在或不自信的话题时,伸开的手臂马上就会收回来。

有趣的是,这样的姿势在恋爱的男女中间也是经常出现的,即在男女双方的恋爱阶段,男方一般都会通过手臂来表示彼此间的亲密感。最典型的就是并排坐的两个人,男方会习惯性地将自己的手臂搭在女方的肩膀上,似乎在向周围的人发出宣言:"她是我的。"男方在这个时候便表现出了他在情感上的独特的"领地"占有欲望,尤其是在有情敌在场的时候。手臂的接触会给接触双方带来许多愉悦感,如果不

是关系特别亲密的两个人，触碰到彼此的手臂的时候，想必双方都会觉得很尴尬，尤其是两个陌生人，一旦有了手臂上的触碰，他们的第一反应应该就是将手臂立即移开。

如果说手臂的自然伸展并放于椅背上的姿势昭示了争取领地与话语权，那么，将双臂自然垂于身体的两侧，手指张开并且按压于桌面上的动作就代表着自信与权威。两者虽然一个是坐着，一个是站着，而且双手摆放的区域也不一样，但它们都是通过借助外界道具来实现自身占有欲的满足的。在很多演讲者的精彩演讲中，我们会发现台上的演讲者有着非同一般的气势，他们会将双手的手指张开按压在面前的讲桌上，同时身体微微向前倾，顺便还投来不可阻挡的锐利的目光，似乎在暗示：这里我说了算！这个时候你就不得不承认，空气中有一股霸气在瞬间袭来，让你觉得，在你面前的这个人已经主导了大局，不由得你选择。

另外，用双臂建立领地还有一种情况，那就是双臂微微向两侧张开，下倾的同时配合紧紧捏起的拳头，肩膀此时也会随之微微向上，这类动作往往在准备进攻的拳击运动员身上比较常见，一方面暗示领地的扩大，另一方面还会令自己看起来比以前要魁梧健壮一点，从而增加了自身的威慑力，显示出势不可当的力量。

腿脚的领地占领

上一章讲到站立时腿脚摆放的玄机时，就已经谈到腿脚关于领地的占领了。正如以上所述，叉开的双腿不仅表示状态的放松，也表示对当前领地的占领，反映出动作发出者比较强势的心态。

在双方处于对峙状态的时候，叉开的双腿不仅为自己建立了足够的领地范围，还显示出不容侵犯的威严性，并同时结合双手抱臂的动作，就立即显得"厉害"了。需要指出的是，双腿叉开放置本身并没有防御心理存在，只是在暗示这是我的领地，不容许他人侵犯，而一旦出现侵犯，叉开的腿脚也便于立即做出应对与反抗。

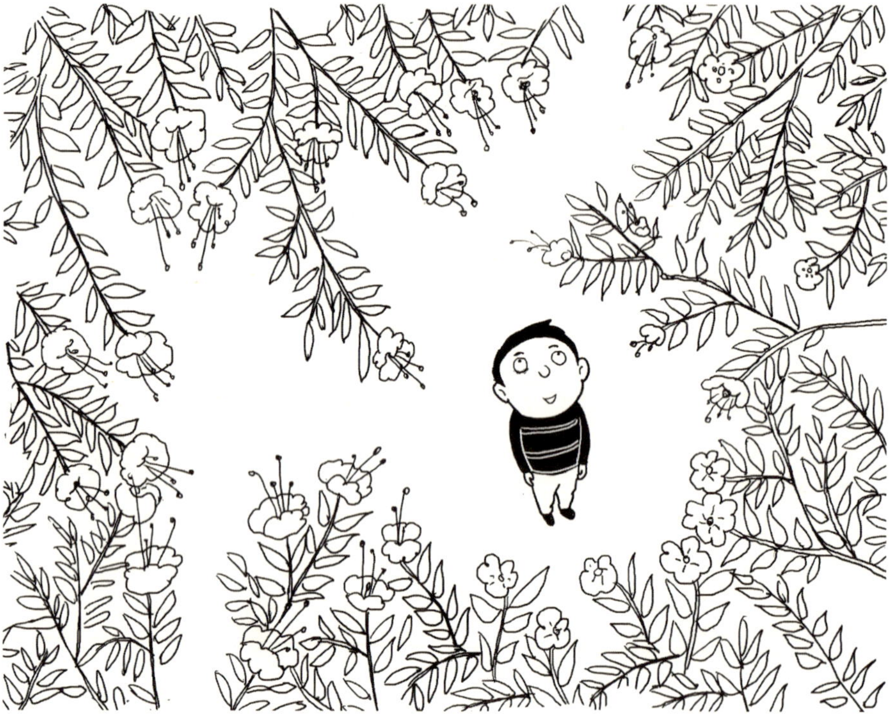

第五章

破案神探教你超准闻声识人法

一个人说话的声音其实也暗藏秘密。你知道怎样通过一个人说话的语气判断出他的心理状态吗？哪种语气最有可能是撒谎的语气？语速的快慢往往和一个人的性格分不开，你知道这是怎么回事吗？话题暗示了一个人对什么比较关心，这也正说明了这个人的性格特征，这些和谎言又有什么密切的关系？谈话中的一些小动作有什么特殊的含义呢？如何在言语与动作之间寻找谎言的证据呢？不假思索就脱口而出的口头语代表着一个人怎样的心理和性格特征？

第一节　语气识别法

语气揣摩心理

语气是一种语言学术用语,是一个人对某行为或者某件事情的看法及态度,包含思想感情层面、具体的声音形式两大方面,它存在于具有一定的情境的语句之中。实际上一个人想要表达什么意思、什么意境,说话的语气大都显露无遗。

一个人用什么样的语气说话很重要,几乎每一句话都需要语气,适当的语气还会让一句话产生无比奇妙的效果。据说文学大师郭沫若坐在台下观看自己的五幕历史剧《屈原》时,婵娟是这样痛斥宋玉的:"宋玉,我非常恨你,你辜负了先生的教诲,你是没有骨气的文人。"郭沫若听后觉得"你是没有骨气的文人"似乎骂得不够分量,便走到台后面去找扮演婵娟的演员商议,是不是应该在"没有骨气"前面加上一个"无耻的"修饰,此时,饰演垂钓者的演员张逸生想了想说,不如把"你是没有骨气的文人"改成"你这没有骨气的文人",这就够味了。郭沫若一听连连叫好,这样一来不仅将原本的陈述句改成了态度鲜明且坚决的判断句,还使得语句带有了鲜明的感情色彩,语气更加具有了力度,说话人的内心感受(愤怒、谴责等)也溢于言表。

可见,听懂了一个人说话的语气就能够大致了解其内心的情绪,

第五章
破案神探教你超准闻声识人法

甚至一个人的内在品位、聪颖智慧等都可以从他的语气中反映出来。

一类是说话语气温和而沉稳的人。这类人有很强的耐心，目标明确，做事能够坚持不懈，与人相处往往会在开始时给人一种疏远的感觉，时间久了就会觉得他们还是比较忠实可靠的。假如是一位女性用这样的语调说话，那她一定是一个偏于内向的人，善良，有爱心，乐于助人，不会总是将自身的利益摆在第一位。

一类是说起话来低声细语的人。声音显示其内心，这类人常常非常小心谨慎，总是与人保持着距离，性格优柔寡断，内向，不善于表达，但却宽以待人；在交谈中如果声音越变越小，那就表明他们喜欢在他人背后搞小动作，是应该防着的一类人。

还有一些人说话的声音沙哑，听上去和带有磁性的声音是不一样的，但不管是女性还是男性，这类人在生活中还是很常见的。说话声音沙哑的女性很有艺术的天赋，对色彩极为敏感，善于服饰的搭配，在异性之间有很好的人缘，却不易被同性喜欢。她们总是很会伪装，即使是面对自己不喜欢的人也会表现出很喜欢的样子，而实际上是在逢场作戏；声音沙哑的男性常常富于冒险精神，在事业上有股很强的干劲，由于他们的耐力和行动力较强，所以又有"不达目的誓不罢休"的韧性，能够发现并发挥自己的优势。

说话语气坚定而有力的人，性格也刚正坚毅，胸怀坦荡，做事讲究原则，善恶是非分明，为人也如声音一样。如前文中改动后的句子"你这没有骨气的文人"，极大程度上显示出说此话的人善恶分明，以及对被痛斥者的愤恨。他们中间多出现领导人，但也有顽固、不善变通者，往往很容易在工作中引起他人的不满。

而相比之下，说话时嗲声嗲气的人，在性格上就显得柔弱了些，他们希望得到他人的关心和疼爱，但有的时候不免因为过于期待而适得其反，反招厌烦，倘若这个人出自单亲家庭，则内心渴望完整与保护。如果是女孩子就更加能够引起他人的保护欲，如果男孩子的声音也是这般娇滴滴，那么给人的感觉就是阳刚之气不足了，他们多半是独生子，从小就在父母的百般呵护下长大，个性内敛被动，优柔寡断。

如果一个人在说话时语气凝滞而深沉，表明他可能是遇到不开心的事情了，假如说话一贯是这样的风格，那么这样的人是比较有责任心的，并且思想很成熟，处变不惊，学识深厚，性情耿直，自尊心强。

说话时语气浮躁、语速快，常常将几个字的音连在一起的人，他们总是希望尽快说出想要说的话，并且将想要表达的意思表达得更清楚。这样急于表达的后果就是语速过快，吐字不清，就像是俗话所说的"进嘴的热萝卜"那样。这类人在性格上往往也表现得比较浮躁，做事总是欠考虑，冲动，易怒，在事业上难有成就。

有一部分人说话时的语气也并不是一成不变的，而是根据外界因素的变化而变化。善于根据说话对象的不同而改变语气的人多是圆滑之人，懂得在人际关系中八面玲珑，正所谓"见人说人话,见鬼说鬼话"，大概就是这样。在职场中对上司毕恭毕敬、和声细语，面对下属时又是另一番模样，他们会将在上司那里受到的不公正待遇、产生的压抑情绪转嫁到下属或其他人的身上。这类人在性格中存在很强的自卑感，因此在对待他人的时候攻击性也很强。

而有的人在说话时会突然将语气提高或降低，这主要是想提醒对方注意，表示强调，话语突然停顿，并且停顿的时间较长者，很可能是想给对方充分的消化与理解时间。因此，还是需要根据实际的情形加以分析，不能盲目判断。

也有一类人在说话时习惯唉声叹气，这类人往往是在不顺的环境影响下产生了自卑感，心理承受力差，稍有不顺就会连声叹气，抱怨这抱怨那，却发现不了自身存在的问题。总之，说话语气平缓，一般都是正直之人；语气节奏感强、铿锵有力，往往都是霸道任性之人；音调有节奏、明朗、抑扬顿挫，大多是艺术天分比较高的人，常常沉浸在自己的幻想中，带有理想主义色彩；而音调平直，发音含糊，往往是平庸之人，没有突出的才华；语气低沉，音调不连贯，往往是多疑之人；语气与音调都尖细而刺耳，大多是孤僻之人；语气语调总是随周围环境的变化而变化，大多是圆滑、缺乏责任心之人。

一般情况下，说了谎话的人在语调上也有比较明显的特征，他们通常无法使用表示强调的语气来结束一个句子，而代为上升的语气，即结尾语调抬高上挑，言语"暧昧"。如果注意观察，你会发现，那些撒谎者说的语句，结尾处多半都是上升的语调。

而当对方不认可你的时候，他的语调同样也是上升的。这是潜意识里的不知不觉的语调变化，有时候连他们自己都感觉不到。在交谈的过程中，通过倾听一个人的语调变化，可以识别对方的心理情绪的转变，比如情绪激动时、想要掩饰心虚时、不安和焦虑时等。一个人说话的语气有时候也会随着语境、用意的转变而上升或降低，譬如，在需要强调的地方，说话的声调会突然发生转变，上升或者下降，也或许为了引起注意而故意停顿。因此，光是凭借单纯的语调判断，还不能证明谎言。比较好的办法是，在与之交谈的一开始就营造一种比

较和谐的谈话氛围，从中摸索出对方平常的说话语调，再以此为准绳，仔细留心他在接下来的谈话过程中语调的变化。

学会驾驭语气

"你是没有骨气的文人"显然是一句陈述句，而"你这没有骨气的文人"就成了具有强烈批判力度的判断句，并有了明显的感情色彩。可见，读懂语气，并能成功驾驭语气，在人际交往中很重要。

首先，常用的语气词可以构成不同的句式。当需要指明实情，提请对方注意的时候，可以用"啊""呢""哦"等；反问、责备对方时，可以用"吗""呢"等语气词结尾，同时还可以搭配一些表示反问的词语"难道""岂能"等；表示请求、催促时可用"啊""么""吧"等语气词结尾；如果是推测和揣度就用"吧"，同时以升调结尾；语气委婉点的说理可用"嘛""呗"等。

其次，需要根据不同的场合改变语气。环境不一样，那么说话的语气就不同，如果在熟人聚会的场合（不算很隆重的场面），注重真我真情，多用表达友好委婉的语气词，不必太过拘礼；如果是在比较庄重的场合，就要注意语气上的和谐，不仅要吐字清晰，更要重点突出，语气尽量以上扬为主，一个人在日常生活和在演讲台上的用语和语气就完全不同；另外，相同的一句话在不同的情境下说，收到的效果是不一样的，对不同的人说产生的效果也是不同的。一种表达愤怒的语气，引来的或许也是愤怒，一种表达喜悦的语气，得到的也许也是喜悦，过于生硬的语气，甚至还会招来对方的不快和反感……读懂并运用说话的语气也是掌握对方内心情绪的一个方法，通过判断语气读懂一个人的内心，破案神探认为这也是在双方对话的过程中成功获得话语主导权的关键之一。

生活中，很多人都有自己惯有的说话语气，说话语气变化大，一句语气重，一句语气又变轻，最后越来越弱，几乎再也听不清楚，这样很容易使人感到疲惫，也不明白其究竟带着什么样的心态说这话；也有人习惯了使用颐指气使的语气，命令口吻极强，这也是一种不受欢迎的语气；还有就是说话带有明显的主观判断倾向，武断且不容分辩，同样也会在不同的场合和面对不同的人时产生不一样的效果。

可见，准确把握语气可以揣测一个人的内心，也可以在对话中赢得主动，抑扬顿挫的语气往往更加容易收到想要的效果。

第二节 语速识别法

语速缓急

每个人都有自己的一套说话方式，语速的快慢与语气一样也是说话方式的一种，正常情况下的语速就是已经形成了的习惯，因此与人的性格又是分不开的。

语速快的人大多思维比较敏捷，他们的话就像是打机关枪一样不停地喷射着，一般容不得别人插嘴，想到什么就说什么。这类人一般比较外向，有很好的应变能力，能说会道，善于交际，但是他们往往心里藏不住秘密，总是会一不小心就说了出来，脾气也是易怒型的。相对来说，那些说话语速缓慢的人，在性格上也是慢性的，显得比较软弱，没有自信心，内向被动。

说话平缓有条理的人，属于慢性子，不紧不慢地将一段话说完，不仅自己思路清晰，听的人也有时间消化理解，即使有的时候遇到了十分紧急的事情，他们也还是雷打不动，继续慢条斯理地讲述，语气中根本就听不出焦急的情绪。这样的人一般比较善良、温柔，懂得体谅、关心他人，极富同情心和亲和力；但是他们的思想通常会比较保守，没有创新意识，甚至排斥新事物，做事讲原则，有自己独到的见解。由于受性格上的慢性影响，思维常常不够敏捷，应变能力不佳。

我们还会遇到这样的情况，一个一直说话语速很快的人，在突然之间语速变慢了，甚至开始前言不搭后语，让你摸不着头脑。这多半是因为他的情绪在突然之间受到了影响，这个时候你就要想想是不是自己说的哪句话让他产生了不满，还是他心里有事，或者是对你说了谎话呢？这些都是有可能的。

语速及谈话风格的变化

情况的突变代表有事情发生。那么，语速的突然变化代表的也是一种心理的变化，尤其是在遭遇负面刺激之后的心理变化更加具有研究的价值。一个人在说话时所流露出的思想情感很大一部分都体现在语速上，因此，一个人说话的语速能很好地表现其当前的内心情绪，并且语速的快慢基本上都是一个人惯常的说话方式，体现的也是其惯常的行为习惯，在语速发生微妙变化的时候，也是说话者内心情感变化的外显，从中可窥见其心理情绪上的波动。

首先，如果是一个平时说话就不急不慢的人，当听到别人对他的一些攻击性、指责性的言论，甚至是辱骂性的评价时，他依然保持一贯的语速，不紧不慢，也没有丝毫情绪上的波动，那很可能是因为这个人心虚，底气不足，才会对这些攻击视而不见、听而不闻的。那么这些指责性的话语有可能就是真的，但是如果他一反常态，激烈地加以辩驳，就表明那些话语或许只是无端诽谤。

其次，一些平时就沉默寡言的人，忽然口若悬河般与对方交谈起来，表明在他的心里不是有极大的压力需要排解，就是隐藏着不可告人的秘密；同样，一个平时说话和缓的人在被问及一件事情的时候，突然之间语速加快了，这就说明他也许是有事瞒着对方，也许是做了对对方不好的事情，担心对方知道。

最后，当面对眼前滔滔不绝、伶牙俐齿的谈话对象时，有些人也许会突然变得吞吞吐吐起来，甚至是说不出话，一副口拙木讷的模样，这其实是一种自卑心理在作怪，对自己失去了信心，才会吞吞吐吐、遮遮掩掩起来。再比如一个幽默风趣的男生，面对别人时谈笑自如，语速正常，但唯独面对自己喜欢的人时，马上变得结结巴巴、吞吞吐吐起来，甚至都不知道说什么好，这是因为过于在意对方，心里紧张引起的。

再有一些情况就是在某些特定的场合做出的语速调整。比如在演讲台上，演讲者突然放慢了语速，或者是突然停了下来，放慢语速或许是要增强感情的表达，以便引起大家的共鸣，突然停下来的原因有很多，或许是因为演讲者发现台下有某位故意捣乱者，或许是想借停顿来缓和一下气氛，或许是演讲者在强调刚才所说的话。

第三节　话题识别法

有研究称，性格外向的人比内向的人更加容易撒谎，也更善于掩饰自己的情绪。这样看来，一旦了解一个人的性格，也就为识别谎言增加了一条线索。而要想了解一个人的内在脾性、性格特征，对方所关心的对象、兴趣爱好等，就有必要对他在谈话中习惯谈论的话题有所了解。

从谈论的话题看一个人的性格、内蕴，一般有两种方式，一种是看对方是如何展开一段谈话的，另一种就是通过言谈中的话题来推测对方的心里秘密。

开篇的方式

很多人在想要谈论一些比较正式的事情前，往往少不了"预热"，也就是为主题做铺垫，先是说了一大堆"前提"，之后才真正转移到主题上面。这类人一般比较注重计划和结果，感情世界丰富细腻的他们，比较敏感而多疑，假如要谈论的话题有可能会引起对方的不满和反感，那么他们就会显得格外谨慎和小心，既想要达到预期的谈话效果，还不想得罪对方，往往很难表达出自己的真实想法（因为很在意别人的看法），有的时候会给人不真诚的感觉。

与此相反的一种人是，不管是在什么样的情况下，都会直奔主题，并且简明扼要。习惯使用这种方式开篇谈话的人，大多是外向开朗、

心直口快之人，为人坦诚，无城府，不喜欢拐弯抹角，想到什么便说什么，不会有太多的顾忌，不好的一点就是，往往会因为太过直接而伤及他人自尊。但总体来说，这是值得信赖、值得深交的一类人，他们对待朋友更是仗义且大方。

涉及话题

谈话进行到一定程度后，对方往往会比较倾向于谈论一些自己比较关注的话题，因此，仔细分析一个人经常谈论的话题也可以对其性格探测一二，同时，也表明了这个人关心的是什么以及兴趣与爱好的方向等。

隐私。谈论的话题一旦涉及隐私，特别是别人的隐私，比如其中一个人不知道从哪里听来的消息（有可能是小道消息），说某某的老公有了外遇，这些天一直在家里打架闹离婚呢，听见的人纷纷咋舌。这类人习惯将他人的隐私甚至是丑闻当作自己的心灵慰藉，以由此产生的某种程度上的优越感为乐。他们往往内心比较空虚，缺少交流，有强烈的支配欲望，却没有支配的能力；有时候甚至还喜欢随便散布小道消息，不管是不是真实的，三三两两聚集在一起互传消息，甚至扭曲事实。这样的人往往爱慕虚荣，希望通过这种方式来获得大家的关注，他们往往唯恐天下不乱，存有侥幸心理。

金钱和金钱观。这类人比较注重金钱的支配与权衡，在他们眼里，要么把钱看得很重，要么就是以为别人亲近他都是因为他的钱。金钱对于这类人来说不仅是日常消费最基本的保障，也是衡量其身边的人的标准之一，误以为人人都爱钱，尤其是接近自己的人也都是冲着他的金钱而来的。

自己。有的人总是喜欢在谈话中谈论关于自己的事情，不管双方所谈论的话题是否严肃、是否只是公事上的交流，他总是会在不知不觉中谈及自己，并且也很喜欢别人谈论关于自己的事情（不管话题涉及个人经历也好，家庭的琐事也罢）。这样的人一般都是偏于外向的，善于表现自己，有较强的自我意识以及虚荣心，他们往往不会拒绝任何能够展现自己的机会，有较高的自我评价。

国家大事。习惯于关注国家大事的人，往往话题万变不离国家的政治状况，并且还会发表自己的独到见解。这样的人有独特的眼光，视野开阔，不会因眼前的小利而忽视了长远规划，他们还会为自己建立一个广大的人际关系圈，不是说他们有多么圆滑，而是想借机获得更多的知识，了解更多的事情。这样的人也是比较有价值观的一类人，有自己的宏伟目标，并会为此而不断努力奋斗。

探讨学问。有的人关注自我在他人眼里的印象，特别愿意以自

身"渊博"的学识为话题，尤其是男人，他们也许以为只要在女人面前显示自己的学问有多深、见识有多广，就会得到女人的倾慕，殊不知，这样反而会给人一种爱显摆的印象，爱慕虚荣，眼高手低，说得多，做得少。有上进心没错，但是还要积极行动起来，这样才会有所作为，否则就只能眼睁睁地看着机会悄悄从身边溜走。

计划未来。谈话中总是会涉及许多关于未来的畅想和计划，仿佛对明天有着无尽的憧憬与期待。这样的人是生活的忠实信徒，他们热爱生活，珍惜生活中难得的每一分每一秒，踏踏实实做事。因此，在事业上很容易取得一番成就。但如果只是在嘴上说说，不付诸实践，也将一无所获。

但需要注意的一点是，一个在一开始接触阶段就声称对你"掏心掏肺"的人，往往并不可信，在不熟识的情况下可以对你如此，那么对别人也未必不可，那些所谓的"肺腑之言"听听就算了。这类人多半属于刻意与你套近乎，往往带有某种目的性，他们与人交往总是缺乏诚意，如果被他的表面现象欺骗了，那就成了他利用的对象，因此并不可深交。

当然在整个谈话的过程中，谈论的话题也不是一成不变的，有时还可能会涉及多个话题，这个时候就要注意一下话题之间的转换情况了——话题与话题之间转换过快、过多、过于频繁，就会造成混乱。造成这种现象的原因大致有两种：一种是他们想要谈论更多的东西，好显示自己渊博的才华；还有一种便是，之前被快速转移的话题是他们不愿意谈及的，这就说明在这些话题上他们有所隐瞒。

这种混乱一般分为两种，一种是让人觉得话题不明确，不知所云；

第五章
破案神探教你超准闻声识人法

另一种就是他们可能会在谈话中突然插进来一个毫不相干的话题。

他们不会顾及对方的感受与想法，思想不够集中，没有逻辑，不够尊重对方，总是自作主张地变换话题，说着说着就插进来一个新的话题，有较强的支配与领导欲望，希望别人跟着自己转，但这样让人觉得话题不明确，不知所云；如果是他们想借转移话题来避开自己不愿谈及的事情，这样的人都是比较自私的，不会考虑别人的感受，都有较强的自我意识和支配欲望，当他们不愿意谈论当前的话题时，很可能是在刻意回避一些事情，这就要引起必要的注意了。

也有些时候，一些人还可能会在突然之间提出一个很敏感的话题来，用试探性的语气迫使对方做出果断的选择，这样的话题往往会使被试探一方感到为难，需要经过比较慎重的考虑才能做出回答。这样的试探多会出现在庄重的场合，比如恋爱男女之间常会使用这样的方式来试探并考验对方，谈判者也会在关键时刻使用这样的方式来试探对方的诚意等。

总之，话题往往会流露出谈话者内在的心理和想法，这是了解一个人需要把握的重要线索，但它并不是唯一的判断依据。面对面交流的一大好处，就是可以观察对方的举动，结合谈话内容和身体动作，做出准确的判断，让他想骗你都难。如果对方有意在谈话过程中制造假象，那么，身体语言在这个时候就更加重要了。如果你面前的那个人十分笨拙地说不清楚一件事情，脸上流露出的是诚恳与焦急的神色，那么不要怀疑他的真诚，他只是不善于表达而已；如果他的话还没有说出口就已经在脸上露出了愉悦的表情，那你就相信吧，他现在是真的快乐；假如他在含混不清、吞吞吐吐之间，脸上流露出来的是愤怒、

不满的神情，那你就可以判断他此时也许正在无奈地容忍，尽力压制自己的情绪。因此，聪明的人会根据言谈举止，也就是一个人在谈话时的举动和他所谈论的内容，来洞察他的心思。

谈论的方式

除了开篇的方式、涉及的话题，一个人谈论的方式也很重要。

幽默风趣，智慧诙谐。一个人如果在谈话中也能尽显诙谐、幽默的语言之风，那他多半就是个乐观开朗、聪颖活跃之人，与这类人谈话不仅可以在他们幽默风趣的语言中获得快乐，也会感觉一身轻松。这样的人往往具有很不错的人缘，有自己独特的个人魅力。

刻板保守，中规中矩。保守、谨小慎微、沉稳的人往往喜欢这样说话，似乎每一个字都要咬准了才会说出来，这样的人虽然做事比较认真，但是为人不够敏捷，偏于固执保守，不会轻易接受新事物、新思想。

文绉绉，咬文嚼字。最典型的就是说话时喜欢引经据典，新词、陈词层出不穷。虽然他们也许有很广的知识面，深谙人情世故，但是和这样的人谈话总是会感觉哪里不对劲，有种矫揉造作之感，不禁使人联想到古代摇头晃脑的书生形象。

口若悬河，滔滔不绝。谈话一旦开始就会一直不停地说下去，好像有永远说不完的话一样。其实，这样的人有两种可能：第一种可能是思维比较敏捷，能说会道，口才好，他们有较广的知识面，懂的东西也很多，谈及自己比较感兴趣的话题时，所有关于该话题的知识一下子汹涌而来，与这类人谈话即使是一直插不上嘴，也会从中学到很多；第二种可能只是比较善于言谈罢了，因为学到了一些时下比较流行的时髦理论、网络用语，就想借机展示，往往会在开始的时候给人的印象比较好，于是一股脑儿地尽情"炫耀"，希望让人觉得他们什么都懂，但是时间久了就会让别人有想要逃开的想法。

不懂装懂，貌似博学。面子要紧，怕人笑话固然无可厚非，但是如果对他人造成了不良的影响就是不可原谅的了。想要掩饰自己在某件事情上的无知，装作很懂的样子，蒙混过关，并且还将自以为是的言论发表出来，假如对方在这方面也是不懂的，便会误导对方，但如果对方在这方面刚好很精通，那么，这样的言论就会遭到耻笑。这样的人看似什么都懂，却都不会研究得很深，几乎都是一知半解或只知皮毛。

拐弯抹角，难以揣摩。聪明的人说话拐弯抹角，假如已经用拐弯抹角的方式打开了话题，但依旧难以直击话题实质，就很让人费解了，对方根本难以抓住其明确意思，有时候说了半天，还是不能明白，但他们又不像那些人云亦云的人，随便附和几句便是，总是需要费劲去猜测一番。如果碰上这样的人，大可一笑了之，他们说的话也多半属于形式上的客套话。对于这类人，建议遇见时打声招呼即可，不适合与之深交，他们大多圆滑、狡黠，难以被人信任。

人云亦云，避实就虚。这样的人在生活中有一定的经验，但他们的原则是明哲保身，不会轻易发表自己的观点，以免得罪人，即便有与他人相左的看法，也不会与之发生争论，总是别人说什么就是什么，很少有自己的主见，并且他们还喜欢在事后谈论一些事情，讨论别人讨论过的话题；还有一种人在谈话时，一旦对方触及一些较有难度的

事情或问题时，他们总是会吞吞吐吐、含混不清，甚至是转移话题。这样的人很圆滑，比较容易的事情就自己做，有难度或者很麻烦的事情就差遣别人去做，没有责任感，怕承担责任、担当风险，一般不会在工作上有什么作为。

第四节　小动作识别法

比起电话、QQ、MSN、微信等交谈方式，面对面的交谈方式可谓具有绝对优势，因为你不仅可以更加清楚地知道对方的意图，还可以观察到他的一举一动，甚至还会察觉出某些不在面对面的情况下难以察觉的东西。注意观察对方在说话时的面部表情还不够，最好是细心观察他的言谈举止，留心其做出的每一个小动作，这对识别对方的性格特征以及其是否有所隐瞒是很有价值的。

谈话之前，如果是初次见面，在一些相对比较正式的场合，双方会握手，如果一个人对对方怀有戒备心理，会在握手的时候注视着另一方；反之，怀有自卑情绪的人会低下头不敢注视对方；握手的力气比较大的人很自信、很主动；握手软弱无力的人，性格则比较懦弱；用双手握手的人，诚恳大方，往往与对方有很深的感情，但如果双方存在上下级关系，则另当别论，前文已有详细阐述。

说话时习惯性噘着嘴巴的人（多见于女性，男性如此则多半有点

女性化），这类人往往牢骚满腹，表面上替人着想，实际上自私不满，他们的自我意识很强烈；语气听起来像是生气，往往心眼小，性格内向，情绪难以把握，但本性正直。

有一类人说话时就开始嘴巴打战，看似不讨人喜欢，不懂得讨人欢心，嘴巴笨拙，但他们多数时候说的是真话，诚实可靠，值得信赖；如果在开始的时候说话十分流利，而在某个细节出现之后就口吃起来，则是心慌的表现，能够引起心慌的因素有很多，如果不是因为面对心仪的对象而紧张，那很可能就是因为做了不对的事而不安。

谈话时眼睛无法直视对方，不是羞怯胆小，便是心虚不安；说话时抿嘴笑，表示还有未袒露的内心，或者对当前的话题和人不感兴趣，即使嘴上不说不喜欢，但实际上已经在向你宣布否定的情绪了。

说话时习惯使用手势，表示对所说的话很确信，并试图用手势加以强调，但如果手势的幅度过大，表明此人很爱张扬，往往自信过度。

说话时下巴突出，是一种肯定自我、否定他人的表现，不怎么把眼前的人或事放在眼里，或者是扬扬自得地沉浸在自己的世界中；如果用手摸下巴，则是消极信号的传达，表示此时他的情绪已经开始转变，有可能是说了谎话；说话时眉眼低垂，则是悲伤的讯号。

假如一个人对某句话的反应过快，往往表明他在说谎。当你一句话的尾声还没消去，他已经做出了回答，对于如此之快的回复，你可要小心了，不要以为说谎者需要时间去思考如何回答问题，如果是事先早已编造好的谎言是不需要时间去思考的。

说话的时候喜欢边说边笑的人，富有人情味，性格开朗大方，生活上不拘小节，不苛刻，懂得"知足常乐"，感情专一，人缘较好，追求稳定平静的生活环境；说话时喜欢摇头晃脑的人，过于自信，常常有唯我独尊的姿态，尤其在社交场合很会自我表现，在事业上也有一往无前的干劲。

说话时习惯抹嘴捏鼻的人，往往喜欢捉弄他人，爱好哗众取宠，他们在玩弄别人的同时也会在不知不觉中被另一些人利用与支配。

如果总是低着头，则多是谨慎派，不敢冒险，不喜欢刺激，常常任劳任怨，孜孜不倦，做任何事情都会非常谨慎；谈话时习惯托腮的人，大多有服务精神，在工作的过程中对懒散松懈的对象很反感，厌恶错误的事情，这类人与说话时喜欢拍头部的人有些许的相似之处，即在事业上都具有积极进取、近乎追求完美的精神，而不同的是，说话喜欢拍脑门的人比较苛刻，因为这个动作常常表示的是自我谴责、恍然顿悟与懊悔，他们在人际交往中往往心直口快，对人对事的要求都过于苛刻；想问题的时候喜欢手托下巴的人，一般相对比较老练；喜欢咬指甲、咬铅笔，或者是咀嚼口香糖的男性，一般比较孩子气。

喜欢摆弄饰物的人，往往比较内向，多为女性，而这种动作是为了缓解心理上的紧张情绪，因此这类人也比较害羞，不轻易将内心情感流露出来，但她们做事严谨，细心周到；也有一些女性会随意拨弄自己的头发，这是情绪化的倾向，此类女性很容易感到焦虑不安，常常陷入纠结；如果用手遮住自己的嘴巴，那是想要吸引对方；男性做出这样的动作多半是胆怯的表现。

也有一些人在说话时喜欢将手指关节掰动得啪啪直响，这样的人往往精力旺盛，极为健谈，虽然在工作环境、事业等方面都表现得比较挑剔，但只要是他们喜欢做的事情，就会努力并且不惜代价地付诸

实践。

在交谈的过程中，双手交叉放置的一方，有较强的自我意识，他们对事情往往有自己独特的看法，给人的感觉很冷漠，也很容易吃亏，尤其是用手握着手臂，此类人会因为不会拒绝别人而常常吃亏；假如是双臂交叉放置胸前，就表示某种负面情绪的产生，比如愤怒、不欣赏，甚至是防御乃至进攻。

言语间耸肩摊手的人往往比较诚恳、热情与顺从，因为摊开的手掌表示真诚、坦白、无利害关系，这样的人往往比较富有想象力和创新意识；边说边抖动腿脚的人自私心理强烈，做事极少考虑和顾及他人的感受，易自足，但对别人又很吝啬，与他们谈话时，常常会被问及一些意想不到的问题。

说话时喜欢自问自答的人，往往不能接受他人的意见与建议，对于问出的问题，其实他们心里已经有了答案，自言自语似的说出来其实是在暗示"已有答案"，不容他人"插嘴"，假如他这个时候反过来询问："你认为呢？"那么你就得小心了，你的回答基本上会被否定；而习惯性边说话边自顾自点头，并左右张望的人，往往是对谈论的话题没有什么兴趣。

一些看似比较随性的人往往习惯反坐在椅子上，这类人有较强的支配欲望，与这类人交谈时最好是注视着他的双眼，这样才会比较容易沟通，洞察出一些蛛丝马迹；而那些一坐下就跷起二郎腿的人，有不愿服输的意识；女性跷起二郎腿是有意吸引异性注意力、关注容貌的表现。

第五节　口头语识别法

对话的习惯用语其实也是不容忽视的一个细节，一些具有价值的信息往往就隐藏在一些不起眼的口头语中。

口头语与心理

某位知名的行为心理学家说过，人类有两种不同的表情，一种是我们平时在脸上呈现出来的面部表情，另一种就是我们在说话时所传达给对方的信息。因此也可以说，语言实际上是人类的第二表情。"心灵的莫尔斯电码"具有心理折射功能，而那些在语库中有较高的使用率和重复率的口头禅就是"心灵的莫尔斯电码"。

所谓口头语（或口头禅），是一个人在养成习惯之后会经常脱口而出的一些习惯用语，很多都是下意识而为之，无法自制。口头禅原本是指一些尚未得道的和尚经常把一些玄而又玄的禅语挂在嘴边，似乎自己真的得道了一样，因此，口头禅本义是贬义。而演变至今，已成为人们日常生活中的习惯用语的代称，正所谓"脱口而出"，就好像是未经大脑过滤。因此，专家研究称，口头禅与一个人的性格有很大的关系，同时也离不开其所处的环境和接触的人群。

常用口头语

喜欢使用"嗯""啊""哦"等表示回应的人，多半是不想做过多

的答复，可能是为了增加神秘感，也可能是没有足够适当的词汇来表达，有时候也是性格腼腆、羞怯的表现。但"嗯""啊""哦"多半表示的是"中断"，属于"中断性用语"，当在说话的过程中突然插进这些词语，而接下来也没有做出一些合理的解释说明，那么这个人多半就是在说谎。

强调诚实的人并非真的就诚实，那些说"真的不骗你"的人很可能已经在骗你了；说"说实话""坦白说"的人往往并没有坦白说实话；说"其实""不过""另外"的人实际上只是想转移话题，对当前话题不感兴趣或内心不安，难以面对等；喜欢用"听说""据说"等词语开头说话的人，潜台词是，我只是听别人说的，是否属实不关我的事，这类人大多比较圆滑，做事基本上都会给自己留点余地；而多用"肯定""没错"的人对自己的所言不但很确信，且往往还以一个长辈的姿态告诫对方。

言谈中充斥着过多客套话，往往懂得做人的道理，给人好感，但是过于客套的话，在亲友之间就显得很生疏。在人际交往的过程中，那些善于对你说客套话的人大多是会做事的人，善于用"嘴巴"来赢得他人的好感；还有的人会说一些阿谀奉承的话，这通常是"糖衣炮弹"，让人在"甜蜜"中中招，面对这样的情况，要小心谎言的袭击。

也有一些人喜欢把"凭什么呀，不公平"挂在嘴边，不管是不是真的不公平。比如说，就算是哪天自己出门忘记带雨伞了，半路上忽然下起倾盆大雨，看着路人一个个撑着雨伞行走，他都会在口中神经质似的大叫一声"凭什么呀，不公平"。心理学家分析，爱说"凭什么呀，不公平"的人大多有些神经质，一旦出现突发状况，心理上便会失衡，

第五章
破案神探教你超准闻声识人法

在某种"不公平"的情绪作用下,用这样的口头语来发泄不满、缓解郁闷。实际上,这类口头语所暴露的是一个人的心理状态,是长久的心理思维的惯性使然,常常是自己不公平的心态在作祟。

经常说"事情不是这样的"是在否定一个人的前提下,暗示"事情是这样的",然后他会用"其实……"开篇阐释自己的观点。这样的人一般比较有主见,也有点任性,内心也似乎很脆弱,因为担心自己被误解、被忽略,才会想通过他人的观点来为自己澄清事实,无论是在正规的谈话中,还是在私人聊天中,都在某种程度上表现出了他们对自己的自我认同度不高。但这样的人还是比较易于相处的,往往被冠以"刀子嘴,豆腐心"。

嘴里经常念叨"不靠谱"的人多苛刻,疑虑,有追求完美主义的倾向。他们认为"不靠谱"是觉得不能轻易相信,对人对事都抱着怀疑的态度。这是一种不自信、没担当的心理,不敢为结果做承担;这

类人在与人相处时很难考虑到周围人的感受，他们所谓的"不靠谱"实际上是在为自己担忧。当然，如果与这样的人相处，说话时最好把丑话说在前头，"诚实"地告诉他"我可不是不靠谱的人，但一些客观因素我也无法掌握"。并设法获得他的认可才好。

出现什么状况，喜欢说"我晕""晕"的人相对坦诚，有点俏皮，说话的人多半活泼，用夸张的方法表达一种心境。这类人往往不会隐讳个人情感隐私，十分袒露心怀，更容易在潜意识中夸大事实，和此类人交往需要用轻松的心态待之，一句"晕"或许就是一种情绪波动的体现。

也有一部分人善于使用不同的口头语来自我解嘲，他们心胸开阔，能比较及时发现自身的错误，并且敢于自我面对，接受他人的意见与建议，谦逊为人，礼貌待人，言语多幽默；而喜欢用幽默来打破交谈中的僵局的人，大多希望得到他人的肯定与认可，自我表现欲望也很强烈，能够随机应变；喜欢以幽默的方式来捉弄他人、开一些小玩笑的人，不拘小节，开朗乐观，希望把自己的快乐传递给他人；但是那些总是用幽默的伎俩来讽刺、挖苦别人的人，心胸狭隘，嫉妒心也强，说谎也不是罕有之事。

偷换代词的人值得注意。指示性代词取代物主性代词。指示性代词指的是"这（个）""那（个）""那些""这些"等，物主性代词指的是诸如"我（的）"这样表示所属关系的词。撒谎的人更倾向于把"我"偷换成"那"。比如当警官审问嫌疑犯时问："你和你的邻居之前有没有什么过节儿？"这时心虚的嫌疑犯回答说："我和那人从来都很少来往。"也就是说，撒谎的罪犯通常都会极力撇清自己与相关事物的关系。

字面聊天习惯用语

在当今科技飞速发展的时代，就算是天南海北的两个人都可以认识、交谈起来，有幸成为知己、哥们儿，更有甚者发展成为网络恋人，并最终结出果实。但是，不幸的事情也不可避免，在网络上上当受骗的人比比皆是。试想两个人远距离，只能凭借文字（好一点的用语音）交流，彼此又能有多少了解呢？单纯点的、渴望浪漫的"孩子们"便时常被骗被耍。

为了防止上当受骗，最好还是不要轻易相信那虚拟的世界，但也许有人要反驳了，真情实意的也有很多。其实还可以从字面入手，分解文字，摸索出其习惯用语，进而对其性格和诚意有所了解。

喜欢用"呵呵"开头、回复、结尾的人，一般都显得比较有距离感，关系不是很亲密的人常常使用。如果是好朋友之间出现这样的词语，就要留心了，这是关系紧张的信号，如果一方还不知是怎么回事，很可能是出现了什么误会。

喜欢使用"哈哈"或"哈哈哈哈"的人个性一般较为乐观开朗，通常如果屏幕上出现了这样的字眼，那么你可以想象，对方在另一边很有可能是真的张开嘴大笑了；习惯用"哈哈哈哈"的人很可能是真的遇到了什么搞笑的事情，表示此时是真的敞开心扉在笑了，要不然就是很闲很无聊。

结尾词用"哈""呀"：总是喜欢在一句话末尾加上一个"哈"，这往往就带上了一种特定的语气，比如对方说"我出去一下哈""稍等哈"等，表明十分乐意、感兴趣的样子，但有时候也是为了拉近距离

而故意使用的客套词语,这样的人一般比较聪明,实际上他们并不会和对方保持十分亲近的关系;喜欢用"呀"结尾的人,一般年龄较小,也有的是为了表示撒娇或亲密而使用。

喜欢使用一个简单的"嗯"来做回应的人,性格温和,较温柔,多为女性使用;如果是男性,那就说明他的性格偏内向。

书面用语中(包括书信、短信、QQ等)不喜欢用标点的人,有点小聪明,爱走捷径,有的也比较吝啬抠门;使用一连串的逗号标点,说明这个人的性格比较急躁,假如是一个女生,往往带有男孩子的脾性;标点使用整齐规范,连语气词后的感叹号,句末的句号也不会轻易漏掉,这样的人严谨,行事光明,为人正直。

这里顺便说一下关于信息回复速度的问题。聊天时,对方的回复速度如果不是很快,而回复过来的内容显然是经过思考以后的,这样的人一般成熟稳重,说话做事都比较小心谨慎。假如对方只是在和你聊天时这样,表明他在乎你,对你有好感;相反,如果他一向打字回复得很快,而在回复你时却显得漫不经心,速度很慢,说明他很有可能不止在和你一个人聊天,甚至有点敷衍你的意思;假如对方的回复非常快,甚至你都插不上嘴,偶尔也有一些错别字在里面,表明他对你很有好感,也想赢得你的好感。

破案小视窗:FBI 审讯中的套话技巧

其实 FBI 特工本身就已经具备了识人的超强心理技巧,但因为工作的特殊需要,FBI 还必须具备和犯罪嫌疑人"周旋"的本领,而要顺利撬开他们的嘴巴得出真相,还要配合有效的心理战术。其中,有效地刺激犯罪嫌疑人开口说出有价值的话，并从中寻找疑点加以突破就是很关键的一个环节。

第一，编造谎话的人往往很容易"忘我"。

FBI 指出，有的嫌疑人说话极少，但其中的蛛丝马迹总是会暴露出来。FBI 总结经验得出，大部分的说谎者，他们根本不乐意将自己融入事件的过程当中，他们在谎话里常常会很"忘我"，尤其拒绝使用任何与姓名有关的字眼，极力想撇开自己与整个事件的关系，其实这也是谎言的一大标志。在这个时候，你就可以随机提出疑问，比如，你问他："请问当天下午你在什么地方，怎么回家的？"他回答："当天下午一直在家。"如果此时你跟进追问："等等，你刚才说一直在家？是谁？"看他的反应如何。

第二，回答时生硬地重复问题。

FBI 认为，假如对方在回答的时候，一句话中一大半都是对问题的生硬重复，就很有可能是在说假话。譬如说，你问："假日海滩上的阳光很明媚吧？你有带自己的女伴去吗？"若对方回答说："假日海滩上的阳光很明媚，我没有带自己的女伴去。"说这些重复的语句很可能是为自己争取思考的时间，这是为避免做正面的回答时引起心理压力，进而露出破绽。这个时候你就可以反问他："你在撒谎吧？"对方说："我可从来不撒谎的，我说的都是真的。"那就可疑了。

第三，说了谎话的人多会使用被动语态。

比如，本来可以说"老总批评了小李"。撒谎的人会说："小李被老总批评了。"因为强调的重点不一样了，心理学认为，这样的表达方式能够让撒谎的人避免直接说出被其掩盖的事实。

第四，使用时间拖延战术。

FBI认为，被问及的人在回答问题之前往往惯用一些词语来拖延时间，比如"嗯""啊""哦"，这时候他们的大脑可能正在飞速运转，编织没有漏洞的谎言。聪明的说谎者则会采取一些更高明的策略来拖延时间，例如，他们会下意识地要求对方重复一下问题，好像自己没有听明白一样；反问也是一种拖延时间的办法，说谎者可能提出的问题有："你听谁说的？""你什么意思啊？""你能不能说得更清楚一点？"

第五，提问与回答之间的间隔过短。

FBI认为，通常情况下，提问与回答之间的间隔时间越短，回答者越有可能是在说谎。因为很多人会事先准备好谎言，一经询问就迫不及待地要说出来，其实，这也是谎言的一种标志。还有一种情况，撒谎者可能会马上做出简单的回答——"是""不是"，但在此之后的详细解释说得比较缓慢，因为他需要足够的时间来编造没有破绽的理由。

总之，审问（或询问）时，可以从一般性的问题开始，再慢慢过渡到比较复杂、细节性的问题，并且要求他把某个时间段内所做的事情表述出来。说真话的人不会将这个阶段内的所有事情都一件不漏地按照发生的时间顺序叙述出来，很可能还会在描述的时候将某件事情遗忘，然后想起来的时候会突然说："慢着，好像错了，我在开车之前好像还去了一趟附近的超市。"假设是谎言，他是绝对不会出现这样的漏洞的，而是将所有事情的顺序全部安排好后，再一件一件地说出来——这是他预先已经编造好的谎言。如果在此时，你要求对方将事情倒叙出来，说谎者就非常容易露出破绽，因为编造的谎言根本无法倒叙。

第六章

破案神探教你超凡识谎术

在这一章中,破案神探将带我们细致解读谎言的几种心理,只有掌握了这些心理,我们才有揭谎的着手点。那么,谎言与一个人的性格有什么关系?谎言的心理又有哪些?生活中我们如何用一双慧眼去识别一些最常见的谎言呢?面对不怀好意的欺骗,我们该用什么样的手段揭穿它们呢?异性之间往往有一些很微妙的小谎言,你知道吗?怎样通过一些小动作读透异性的心思呢?

第一节　破案神探教你认识谎言心理

谎言与性格的关系

谎言很多时候会引来一些麻烦。家长希望孩子说真话，甚至还会因为孩子说了谎话而惩罚他们。但实际上，一个十分诚实的孩子往往并不会少受惩罚，孩子的"童言无忌"或许会招来严厉惩罚，他们说的往往是大人们不能接受的事情。曾经就发生过一起案件，一个活泼开朗的19岁少女在外工作，一个月前还对父母信誓旦旦地说，一定要挣钱养活自己。然而一个月之后，她回家了，并且和父母大吵了一架，之后就离家出走了，将近半年的时间都没有消息。这期间父母后悔至极，警方也在极力搜寻，最终在六个月后把这个衣衫褴褛、瘦骨嶙峋的少女带回了家。

其实，不是孩子不努力，只是在工作的时候她做了不该做的事情被发现后遭到解雇，回家后她没有说实话，而是告诉父母她累了，辞掉了工作回家休养。但是没过多久，事实还是被父母得知，然后双方发生了争吵。

一个外向阳光的男孩为了挽回恋情，欺骗女孩说自己已经为她丢了工作，整天茶不思饭不想，实际上他依旧每天正常上班。

破案神探发现，经过一段时间的接触后，如果这个人性格内向，那么他就会通过获取及维持一个清晰的思路、组织力、控制力与赢得成就感来实现自己的存在感，这样的体验呈现出内在化；而性格外向的人认为，自我的存在感是在与他人的交往中获得的，一旦这种关系被破坏，甚至彻底断裂，就会失去所谓的存在感，这样的体验呈现出外向化。

那这与谎言又有什么关系呢？其实，外向的人如果遭遇混乱和被揭穿的状况，他们会觉得自己完全被摧毁，一直修炼完好的形象被毁于一旦，之后便会不遗余力地试图用其他各种谎言再来为自己圆谎。而性格内向的人也会遭遇被拒绝和混乱，当时的他们或许很生气，觉得很受伤，但他们依旧可以凭借重建自我来修复损伤，这就是很多内向的人会说"我不想解释，时间会证明一切"的原因。

我们每个人都有自己的存在感，一些想法和记忆，乃至感情，构成了我们内心的情感世界和四周的外部世界。外向的人希望被人喜欢，甚至被所有的人喜欢，内向的人则认为，只要有一部分人喜欢自己就好，最好这些人也是自己喜欢的。这也是两者不同的存在感的来源。

一个性格内向的人在不顺的情况出现时，他会认为周围的世界会变得不再现实，更加不会相信客观事实的真实存在，而内心所认为的

真相从未改变，这个时候会寻求独处和不说话，直到现实变得让他足以应对——客观的事实已经被接受为他认为的真相。一个性格外向的人在不顺发生时，内心会变得虚幻，因此会找人聊聊天，以增加缺失的存在感，而一旦告知周围关系比较好的朋友们真相，有可能就会被疏远，进而也就失去了从他们身上获取的存在感，所以这个时候还是不要冒这个险比较好——那么，谎言也就顺理成章。

但是，即便心理学家有这项研究，生活中也不少见，却也不能一概而论。并不是所有外向的人都是说谎话的高手，也并不是所有内向的人就从不说谎话，谎言心理的性格说只是一个关于谎言频度的问题，只能说外向的人大多撒谎，而内向的人一般较少撒谎。社会上几乎每天都会上演因为说真话而得罪人的闹剧，同时也不乏众多因为说假话惹得大家喜笑颜开的喜剧。

与谎言有关的几种心理

偶尔说谎者可能是在某种情境的促使下才会撒谎，而善于说谎的人多半会在心理上存在某种惯常的心理状态。要想洞察谎言，一个极为重要的环节就是必须了解说谎者的说谎心理。

破案神探认为，说谎者最常见的心理主要有以下几种：

第一，虚荣心理。如果一个人的虚荣心太重，就很容易说谎。这些人往往在外表的装扮上很入时，关注他人对自己的评价，追逐流行与时尚，喜欢谈论品牌服饰、名车名店、高级娱乐场所、名流的逸闻趣事等，但他们忽略了最重要的内在修养的培养，而将外表的华美作为追逐的对象。

第二，过于要强的心理。假如这种要强心理不能很好地把握其"度"，就会反其道而行之，不仅不能起到鞭策作用，还会有负面后果。一般说谎者在某件事情上不愿说出真相，都会有其原因。比如，一个失业的人在面对另一个事业有成的人时，过于要强的心理促使他不得不编造出一些虚构的细节来蒙骗对方，不愿意将自己的真实情况告知对方，害怕被瞧不起。

第三，自我意识过强的心理。他们常常会以自我为中心，过于关注自我世界里的东西，在这种心理中包含了前几种心理的因素。

第四，过重的自卑心理。这样的人在与人谈及一些比较敏感的话题时，会自觉不如人，他们往往看不到自己的优点，认为自己这也不好，那也不如别人，于是就习惯性地用谎言来掩盖真相。

实际上，这些心理也贯穿在不同性格的人中间，只是多少罢了。这些心理也不会单纯存在，有时候几种心理会同时起作用，让一个人开始编造谎言、掩盖事实，当一个谎言说出来之后，就要用十个谎言去圆谎，于是，为了上一个谎言不被揭穿，就会接连出现一连串的谎言。善说谎言者，往往是为了以假掩真，用以迷惑自己的对手，有时候也是希望以谎言作为诱饵，试探出对手的虚实，还有的是为了给自己留条退路，不至于在陷入困境之时被对方逼死在墙角。

生活中的谎言

在现实生活中，有的人是为了掩饰真实的感情而说谎，不愿内心的脆弱被人发现，于是就用谎话来掩盖；有的人当面对一个并不愿意伤害的人时，谎言就是善意的婉言拒绝；也有的人只是为了迎合对方，

不想给对方泼冷水，让对方原本很高的兴致因为自己而打消，即使是面对自己很讨厌的事情，为了表面上过得去，也不得不做出一些很违心的回答；有的人是为了获得利益而说谎，尤其是在销售领域，这样的谎言屡见不鲜；有的人是为了自我保护而说谎，出于对外界事物的防备，不得不使用谎言来加强自我保护，往往是希望尽快地摆脱困境或者是避免尴尬局面的蔓延；有的人是为了哗众取宠而说谎，喜欢张扬、炫耀自己的成就，或者是虚张声势、夸大事实，表现自己能力多么强大，多么有能耐等；还有的人是想要满足自身的欲望而编造谎言，因为知道一旦如实回答就会让即将得到的东西立即消失不见，如同做了一场梦，狡黠的人可不甘心如此，于是为了得到那些所谓的美好而编织出一张张谎言的罗网。

比如说，同事赞叹你的新衣裳很好看，很适合你的身材，夸张一点还会说"再也没有谁比你穿上更好看了"。你也因此心花怒放，可实际上，她的心里却并不见得如此想。老板开会时说："好，下面我简单说两句！"好吧，一个下午都是在"简单说两句"，好不容易会议结束了，老板补充说："不管你们谁，有什么样的意见，尽管提出来，我们一定虚心接纳。"可是最关键的是，你敢把自己的心声说出来吗？某家商场明码标价说全店正在打折当中，价格一律不高于原价的1/3，但走进去后才发现，其实仅有少数换季衣裳如此。

又比如，家长说："放心吧，这些压岁钱我们替你保管着。"实际上对大多数孩子来说这些压岁钱等于没有。爸爸说："小明听话，过会儿我一定好好教训教训妈妈，谁叫她打我们家小明的。"事实上这只是在被打之后送上了一颗没有实心的糖。班主任说："这节体育课老师

第六章
破案神探教你超凡识谎术

有事，我们改上数学课。"后来大家会发现，整个学期体育老师都有事。和久未谋面的老同学在大街上巧遇，说了没几句人家说有事，临走前他说："再联系，改天请你吃饭。"其实一年半载过去之后也许你会忽然醒悟：原来那只是他的一句口头禅而已。

一个人谎言说得太多了，就会在不知不觉中成为弱者，随时随地都有机会被别人抓住把柄，难以取信于人，使身边的人渐渐远离，终成孤独者。谎言也会使一个人失去人格尊严，饱受悔恨的折磨。而做一个善于识谎的人，需要的是睿智，不仅要知道哪些谎言是应该揭穿的，还要懂得哪些谎言是可以保留的。

从某种意义上来说，说谎者的心理通常是十分脆弱的，谎言是他们欲盖弥彰的掩饰。假如是善意的谎言，被欺骗的人大多会在得知真相后微笑着原谅，甚至还会对他报以感激；如果是恶意的谎言，终究会有被揭穿的一天，也许你会被宽容者谅解，也许你将被打入万丈深渊，永远出不来。

善意谎言的编造者永远都懂得遵守谎言的规则。善意的谎言常常是用以安慰或激励他人的，因此在本质上已经不再属于欺骗。比如面对一个病重的人，难道真的要说"你已经没救了"吗？这时候，只有说"一定会好起来的"，才会对病人起到激励的作用，病重者才不会轻易放弃治疗的希望。善说谎言者懂得尽情描绘自己的人生剧本，并且由自己来承担谎言的风险。善意的谎言不是让自己紧张，而是要让自己变得更加轻松，用积极乐观的姿态去应对阴暗，在自己编织的谎言中要能体味到入戏的快感，进而转变消极的人生主张，起到积极引导的作用。因此，在实际生活中，谎言不全是负面、消极的，正确地

识别谎言，才能准确、有效地应对谎言。

与之相反的是，恶意谎言的编造者从来都不会有什么好的出发点，这个时候一味忍让与迁就，只会让说谎者更加猖狂，用越来越多的谎言欺骗、伤害你。

多数说谎者都害怕谎言被当众揭穿，所以忍无可忍之时，可以将计就计，步步紧逼，待说谎者无法自圆其说时，将他的谎言当众揭穿；懂得说谎者在说谎时的心理，观察并找出他说谎时不慎露出的破绽，然后抓住破绽加以披露；如果你清楚地知道对方就是在撒谎，并且也了解事实的真相，那就将真相说出来吧，这样对方的谎言就会不攻自破。

第二节　自投罗网——谎言无处藏身

在面对一个明明说了谎却死不承认的人时，尤其当破案神探已经确信这是一个谎言，却还没有充足的证据的时候，最聪明的做法是让说谎者自己承认。

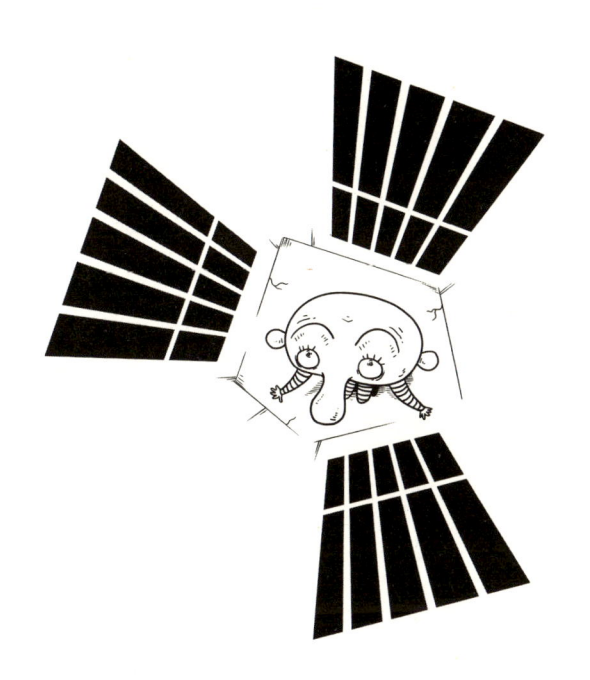

破案神探根据自身丰富的经验告诉我们，最有效的方法往往就是利用一些看起来并不十分有效的方法。

首先，面对咬紧牙关的犯罪嫌疑人，不妨让他们面对着桌子的一角而坐，这样就使得犯罪嫌疑人没有可以挡住身体动作（尤其是手和腿脚）的障碍物了，进而也就清除了他在心理上的一层防护。在这样

的情况下，还可以在桌角上放置一些笔状的尖尖的东西，那么在审讯的时候，犯罪嫌疑人的内心就一览无余了。生活中，我们也可以利用这样的方法尝试，让你有所怀疑的人面对桌角，并且不要在他身边留下任何可以拿来做掩护的物体，在谈话的过程中注意观察其手脚动作，也会收到类似的效果。

其次，在很多时候神探们还会故意制造一些声音，譬如大风、暴雨、闪电以及各种可能会给嫌疑人带去负面刺激的声音效果，因为人的情绪是很容易受到外界环境的影响的，一旦内心发生变化，破案神探也就能轻易获得他们想要的结果。同样，在关押嫌疑人的屋内放置一些具有特殊气味的东西，像鲜花、香熏、香料等，这满屋的香味很容易使其陷入感性状态，因为嗅觉神经会影响脑波，感性思维一旦产生，理性就很难再敌得过了。

再次，还有一种比较实用的方法，就是在询问问题的时候变着法儿地反复追问同一个问题，同一个问题也可以使用不同的方式询问，比如变换句式、改变语气等，在一个时间段内反复询问说谎者同一个问题，等待他自己露出马脚来。因为他不可能将自己临时编造的谎言牢牢地记在心里，这样对方就会在不知不觉中不打自招了。有的说谎者也会渐渐不耐烦，他或许会说："我不是都说过了吗？"并发起火来。有的说谎者则会觉得："是不是我编的谎话在哪里出现漏洞了？要不然他怎么总是让我回答这一个问题呢？"于是慢慢地就暗自服软，承认自己说了谎话，并最终将实话说出来。改变询问方法的时候，可以适时地对他们施加压力，撒谎的人一般不会再透露出更多的细节，因为他们害怕会出错，而说真话的人则会说出越来越多的细节来证实

第六章
破案神探教你超凡识谎术

自己没有说谎。还可以反问疑难问题，观察说话人的表现。面对难以回答的问题时，说真话的人会将眼光投向别处，集中精力思考。说谎话的人不会去认真思考这个问题，而是想办法敷衍，但是又害怕这个过程被发觉，所以他们通常不会将目光移开太久，而是不时地看看你的反应。

另外，适当沉默聆听，因为说谎的人多半都很会自圆其说，所以在他们回答问题的时候，尽量不要打扰他们，让他们自己将事情的原委说清楚。在听完之后要求对方将整件事情重复一遍。利用这些时间来仔细观察说谎者的非语言行为，给他们一些思考和反应的时间。许多审讯者在审讯嫌疑人时会连续发问，这样不仅会造成被审讯人的紧张情绪，提供大量不真实的非语言行为信息，造成错误的判断，还会为嫌疑人说谎话创造机会。另外，在你沉默着聆听的时候，说了谎话的人多半会心里发慌，担心你不相信，进而会再次强调，或者直接说："你不相信？我说的都是真的。"那就值得怀疑了。

最后，说谎者在说谎时往往会有心虚的表现。在叙述完一件事情的全过程后，会担心自己编造的谎言是不是真的可以蒙混过关，还想再说点什么来加以补充，再加上自言自语也会缓解压力。这样的情况在你听完他的叙述后沉默不语时更加容易出现，因此，那些说完一句又一句，一直滔滔不绝、自言自语的人很有可能是在撒谎。还需值得注意的一点是，也有一些人不能把一句话说完整，他们在被提问的时候常常很少说话，或者只是简单地应付几句，但一旦开口说话，经常会变得话多，回答某一提问时还会在对方并没有提出要求的情况下，为自己加上一些证明。

还有一点非常重要——假装已经相信了。当犯罪嫌疑人以为你已经相信了他的时候，通常他会在心里产生某种得意和快感，在面部表情上可能会出现一瞬间得意的笑容，短暂停留之后会刻意隐藏起来，同时当他认为已经顺利逃过这一关时，会很快处于极度放松的状态下，也许他还会将自己的身子稍稍弓起来，这是撒谎者想要隐藏自己的表现，就像想藏起那个表示快感的得意的笑容一样。

第三节　原形毕露——谎言的标志性动作

　　是谎言还是真相，需要仔细辨别。最简单的一个方法就是当你知道了真相是什么，然后加以比照就会黑白分明。这里所说的真相是指说真话时的行为动作。研究发现，当一个人没有隐瞒，内心就会十分坦荡，呈现在行为动作上也会显得十分开放和自然。比如，肢体向外伸展而不是向内收缩，他或许会把手臂或大腿的内侧部分略微呈现出来，并不会担心它们会为自己带来麻烦；假如交谈双方之间存在阻挡彼此视线交流的障碍物，他也会主动将这障碍物移开；随着交谈的深入，一方还会逐渐向另一方靠拢，以便听清对方的谈话，另一方也会加以配合，直至双方十分贴近。

　　破案神探还发现了一个很有趣的现象，那就是如果彼此都坦诚相待，双方感觉都非常好的话，还会在不知不觉中模仿对方的动作，也就是说，当一方的身体向前倾的时候，另一方的身体也会出现相同的动作，以此来完成默契的配合。假如站立时交叉双脚，另一方可能也会跟着做一样的动作。你是否发现，一个宿舍的几个比较要好的姐妹，当她们在袒露心事的时候，几个人的呼吸节奏、语气语调居然都出奇的一致。

　　还有一种情况就是，当一个人对自己说的话确信无疑的时候，那么在说话间便会出现一些习惯性的强调动作，比如面部、手、腿脚等都会有比较明显的展示性动作。假设你带着某种不相信的语气反问你

的朋友："不会吧？"说的时候眉毛上挑的动作就是一种强调，暗示：其实是会的。一段具有说服力的陈述，去除其内容本身，适当的强调行为也是必不可少的。我们都有听讲座的经历，那些经常发言、演说的人基本上都善于使用这样的手势来强调自己的观点与立场，注意观察那些在台上神采奕奕、唾沫飞溅的专家教授，最爱在一段演讲结束后将双手的手掌朝下，反扣在讲桌上，用大拇指和食指将掌心与桌面撑开。这是一种极具说服力的动作，有种让人不得不信服的味道，同时也扩大了对方关注的范围，加大了可信度。

类似的动作还有：双手的指尖相对摆放在胸前或更加合适的位置，以此来强调自己对目前所谈论的问题的看法。指尖相对是一种高度自信的动作，表示说话者对所说之事的胸有成竹和坚信不疑。一般在说话时摆出这种手势的人，所说的话就具有很高的可信度。破案神探把这些在言语间起强调作用的动作称为言语同步行为，也就是一个人言语和动作之间的同步性。同步性主要是指一个人的身体语言应当和他口头表达的观点保持一致。例如，当一个人说"我没撒谎"时，反而在点头，而不是摇头，这就是缺乏同步性。撒谎的人一旦意识到这一点，会马上纠正，结果欲盖弥彰。如果一个人做出了肯定或者否定的表示，却没有肯定或者否定的强调动作，这既是缺乏同步性，也没有强调行为。这样一来，这个人撒谎的迹象就显露出来了。

而一个撒了谎的人会把注意力集中在编织谎言上，往往会忽略强调行为。即便他们故意做出一些强调动作，也很不自然，显得十分不协调，看上去僵硬，也就演变为了非同步性的动作。这样的动作就可以认为是谎言的一个标志了。再如某人说："这件事我真的不是有意的。"说的同时他的喉结部位明显地抖动了一下，细心的人就会发现他是在吞咽唾液，之所以会出现吞咽唾液的现象，是因为他的喉咙处开始干涩，需要唾液来缓解，而喉咙处的干涩就是因为说了谎话才引起的。这些细微的非同步行为就像是一些稍纵即逝的面部表情一样，稍不留心它们就会从你眼皮底下溜走。

  破案神探在执行任务的时候都会留心对方的一举一动，尤其是在发现有非同步动作出现的时候。譬如你问一个人："你昨天下午在咖啡店真的没见到李老师吗？"这时候注意观察他的动作，如果他在稍稍迟疑之后，将头部轻轻地向两边摆动几下，然后又像是在突然之间发现了什么似的补充说："没有。"那么不难判断，他一定是在说谎了。反之，如果一个人真的很愤怒，当情绪爆发到极点的时候，他会一边发出怒吼声，一边猛然站立起来，用手拍打桌子，这两种动作应该是同步的。如果两者之间有间隔，就表明对方的愤怒是假装出来的。

第四节　破案神探教你解读异性体态语言

　　心理学家指出，日常生活中，我们很多人说的话不会全部都是真实的。谎言经常会出现，人们在努力给别人一个好印象的同时，谎言也就不足为奇。实际上，谎言在男女约会、相处的过程中也是经常出现的。马萨诸塞大学心理系的教授罗伯特·费尔德曼就曾经组织过一个研究团队，并安排他们两两进行一次 10 分钟的约会，结果发现，有 60% 的人至少都撒了一次谎，而多数人在这 10 分钟内撒了两到三次谎。

　　下面是一次约会的例子：

　　米莉的对面坐着一个长相俊朗的男子，皮肤微黑，看上去十分健康。两人刚一见面的时候，男子就和米莉握了手，边握手男子边做自我介绍："你好，米莉小姐，我叫杨子烁，叫我子烁就好。"米莉心想，他倒很坦诚呢。坐下来之后，米莉还在回味刚才的握手动作，杨子烁的握手有力并恰到好处，大而温暖的手掌将米莉的小手似乎都包在了里面，让米莉顿生一种被宠的感觉。而对面的杨子烁此时也在心里想着，这个女孩的手心略微有些潮湿呢，不过她应该是那种小鸟依人的类型，也许还是我比较偏好的。杨子烁想着，不禁将眉毛上扬了一下。"米莉，不介意我这样叫你吧？"杨子烁的语调带有一种自信，他知道眼前的这位女孩一定不会介意的，而米莉的回答也正是如此。"米

第六章
破案神探教你超凡识谎术

莉,你的衣服很好看,很适合你这样美貌的女孩,我也很欣赏你的搭配。知道吗,我们俩在这方面似乎会有相同的眼光呢!"说完他还理了理自己的领子。米莉很礼貌地回应,也表示杨子烁的搭配很有品位,然后低下头看了看自己摆在修长的大腿上的手。米莉对这位男子的好感进一步加深了。后来他们还谈起了各自的兴趣爱好,平时爱吃的菜肴和甜点等。这次约会似乎进行得很顺利,双方都感觉很愉快,杨子烁的男人魅力哪怕在一个小小的动作间都有流淌,虽然双方之间还有一张桌子,但米莉还是被他的魅力吸引了,其实米莉对这类男子还是比较偏爱的。

"你是做什么工作的?"米莉还是小心翼翼地询问了。对面的杨子烁微笑着,十分自然地说:"我是做会计的,目前在一家企业做总监。"米莉在这期间整理了一下自己的头发,同时也注意到杨子烁跷起了腿,回过神来的米莉想了想,听有经验的姐妹们说,这样的男子多半会在今后移情别恋,并且毫不留情地甩掉前女友。这时候,时间已经快到了,米莉犹豫了一下,最后还是问了:"你以前背叛过自己的女友吗?"提问一出来,杨子烁又把跷起的腿放了下来,依旧微笑着反问道:"那你说呢?"米莉似乎被这个反问击中了,心想:也许他真的是有过的,但是我不希望。大约两秒钟,杨子烁看米莉没回应,就接着说:"这个问题,你不觉得稍微隐私了一点吗?不过如果你真想知道,那我想你可以先告诉我你说的'背叛'指的是什么吗?"

米莉有点不自在,右侧的肩膀随意地耸了耸。"那好吧,还是问你吧,哦……你可不可以从一个男人的角度分析一下,当一个女人发现自己的男友或丈夫背叛了自己,应该怎么做?"

杨子烁的背部往后靠了靠，大腿又重新跷了起来，一只手放在下巴上，像是在思考，不一会儿说："还是看什么样的具体情况吧，男人如果够坦诚，或者……哎，这种情况还是有点儿复杂的……"还没说完报时的铃声就响起来了，杨子烁快速从椅子上站了起来（米莉注意到杨子烁的一只手还握着一团纸片，也不知道是什么时候拿的），然后他又快速和米莉握手道别，临走前还不忘转过身来对米莉说："很高兴认识你。"

一个人要向外界传达一份比较完整的信息，单纯的语言只发挥8%左右的作用，声调发挥37%的作用，剩下的就要靠肢体语言了。肢体语言的可信度比较高，因为肢体语言通常是一个人的下意识动作，很多时候只要认真观察其一举一动，就能领会到比口头上更多更丰富的信息。

首先，男人在见到女人的时候，握手可谓一个走捷径的动作。一来，通过握手可以更好地展示出作为男人的力度和风度，更是比较绅士的表现。二来，握手的时候可以通过感知女人的手心来了解她的脾性。研究显示，手心干爽的女性生性较开朗，也有可能是对此次见面并不是很重视（不紧张）；而手心有些许汗液，甚至潮湿的女性生性偏内向，另外也可以认为是其内心紧张的表现，或是对这次约会重视的体现。

在握手的时候手心向上的女性多属于温顺易相处型的，而手心向下的女性多强势，有争强好胜之心和不愿服输的性格。在握手的时候只伸出手指来握手的女性，多半属于在职场上精明世故、善于交际，在生活中精明能干的女人，如果再留意到其他的肢体动作，这样的握手或许还带有女性对男性的某种轻视。我们在前文中就已经指出，握手时用力的一方往往代表挑衅和施压，女性在与人握手时一般不会过于用力，假如用了力，男性就要注意她接下来的举止了，这或许会是某种暗示。

其次，不管是男性还是女性，在见到心仪的异性时，如果内心甜蜜欣喜，就会不自觉地扬起眉毛，有的比较害羞的女性或许还会做出低眉动作，假装看看地面或鞋子，实际上是在害羞或窃喜。当然，这样的情感也是因人而异的，有的人还会做出其他的一些肢体动作。这样的微笑动作不易察觉，因为只是一瞬间，持续时间不足一秒钟。在上面的约会中，米莉和杨子烁都做出了这样的一个动作（米莉低眉，杨子烁扬眉），充分表示了双方对彼此的满意度和关注度。

再次，女性多半希望在心仪的男性面前保持自己最完美的形象，头发是尤其重要的一个细节。当有一丝头发滑落到脸颊，或者是被风吹得凌乱了都会让女性担忧，于是她们就会时不时地整理头发。如果是侧刘海，也会做出拨刘海的动作。男性也一样，他们对发型的关注度丝毫不亚于女性，而男性整理头发的动作幅度往往比女性大，因此也更加容易引起女性的注意。

另外，整理服装也是男性比较喜欢做的动作。假使一位男士在女士面前整理自己的衣领、领带，或者是用手指抠动胸前的纽扣，就是紧张的表现。而造成紧张的原因或许是在意自己的形象，对眼前的女性印象很好，也或许是说了一些有隐瞒的话。一个男士在女士面前修整领带，代表他是真正想引起对方的注意。

此外，之前我们说过，一个人很容易在说了谎话后摸摸自己的下巴、脸颊、耳朵等部位，而在与异性相处的过程中，这些小动作似乎还有另外一层意义——面对喜欢的人内心慌乱不已，这些动作正是自体性行为在紧张的情形下产生的。一个人如果是在抽烟，那么在喜欢的人面前吸烟的速度就会不自觉地加快，如果是在喝东西，也会出现类似的行为。因为面对喜欢的人，唇部与脸的下半部分会对一些刺激物体十分敏感。甚至，当出现抚摸唇部的动作时，或许是想与对方有亲密接触的暗示呢。

最后，男人在坐着的时候，往往很容易摆出"4"字形腿，当然跷二郎腿比较容易见到，这是男人在暗示自己的威严。这里需要注意的是脚尖的指向，一个人对你和对当前的话题不感兴趣便会脚尖指向最近距离的出口，表示想要快点离开，如果脚尖指向的是你，那就表明他想和你有更加深入的交流。有类似暗示意义的还有膝盖，膝盖的指向往往也代表着兴趣和喜好，将膝盖指向喜欢的人也是希望进一步建立亲密关系。

在本节开头的约会中，可以说刚开始的时候，两个人都表现出了对对方的满意，一些细小的动作正是内心的真实展示。但是在最后，当米莉问及杨子烁"有没有背叛过自己的女友"的时候，杨子烁出现了一系列的小动作：放下跷起的二郎腿，微笑着反问，见米莉没有什么反应就自我解嘲似的询问米莉口中"背叛"的意思，言及这个问题有点私人。米莉改变问题问到假如背叛了女友，女友该怎么做的时候，杨子烁再次出现不自在的反应：背部往后靠了靠，大腿又重新跷了起来，一只手放在下巴上，像是在思考，最后还是没有说出个所以然来。

当时间到的铃声响起，他迫不及待地从椅子上站起来，还被米莉发现手中不知道什么时候握着一团揉碎的纸片。不过最后离开的时候不忘和米莉握手道别，并说了一句"很高兴认识你"，还是显得很有风度的。这句"很高兴认识你"如果是"我们再联系"，那么效果会更好，或者我们也可以猜测，那团揉碎的纸片正是他想要递给米莉的名片也未尝不可能。

第五节　男人眼中的女人

大学时期的男生宿舍谈论最多的除了游戏，恐怕就是女孩子了。很多哥们儿在追求女孩子的过程中使出各种招数，却依旧难以揣测女孩子的心思。其实，正像《男人帮》里面的顾小白说的那样：自从我们睁开眼看这个世界的第一天起，我们看到的就只有两种人——男人和女人。心理学专家称，实际上女人经常说反话，或干脆不说话，但是肢体语言却是她们的第二语言，很多心理活动都在她们的肢体密语中泄露出来。男性如果了解了女性的体态语言，也就有了许多了解和靠近女性的机会。本节中破案神探将带着我们一一解除男性心中关于女性的疑惑。

情侣之间经常会出现一些比较亲昵的动作，特别是女孩子。一些

第六章
破案神探教你超凡识谎术

女孩子一旦在心理上接受了和某位男生的恋爱关系，便很渴望来自对方的一些表示亲近的行为举止，像牵手、依偎、拥抱等。作为女性会对这些小动作念念不忘，有的时候仅仅只是纯粹的情感愿望，和肉欲没有什么关系，表达的是某种爱意和在乎，同时也是对男性信任和依赖的表现。但如果男生不明白，把简单的牵手、拥抱误解了，就可能出现尴尬的局面。

一般来说，头部抬得比较高的女性，有些自视甚高，也许不仅仅是因为她们有很不错的自身条件，而且还因为有一大帮的追求者，因此她们对男人的要求也会很高。而头部略微向下低的女性则多温顺柔和，内向者比较多，很会体贴照顾异性。如果一位女性在你面前把头部稍稍向左（右）歪，并且露出很性感的脖子，那是她对你没有戒备的信号。这类女性有些固执，经常会对男性一见钟情，但如果要与其相守一生却还需要点耐力呢。

女人可以从男人与其握手时候的感觉洞察男人，男人也可以通过握手觉察出女人的脾性，这在前文已有阐述。不一样的是，在交谈中，女性还会做出各种各样的手势动作。

总是习惯性地交叉手指，并将双手摆放在大腿上或者包包上的女人，很可能在爱情中受到过伤害，因为这是一种自卫性的动作；但如果是双肘分别支撑在桌子上交叉着双手，就是另外一种体态语言了——对自己的魅力相当有自信心；假使手指并不交叉，而是十指相对做成尖塔状摆放，只能说明她当前对男人所说的观点和话题很感兴趣，却对男人本身没有多大的想法；那些不断地摩擦双手的动作表示的是期待，如果此时女人的眼睛是直视的，那就有可能是在期待着男

人做出点什么。

当手与身体其他部位发生接触时，再结合情境，也是其内心情绪的写照。不停地触摸自己的脸颊，是对眼前的人和事没有什么兴趣，触碰鼻尖是拿不定主意，揉眼睛是不愿意对某些问题作答的表现，手指挠头皮是不耐烦的暗示。

那些不管在走路还是站立时都习惯性地挺胸的女人多半是自信的，心态好，健康积极向上，极少怀有传统观念；而总是含胸的女人就显得没有那么自信了，也或许是因为害羞，期待爱情但缺乏勇气，心态有些悲观。

走路的时候臀部摇晃的女人往往足够热情大方，不拘小节；而那些走路时臀部不摇摆的女人，在现实中不会有太强的功利心，热爱恋爱的感觉；平时的臀部呈现自然上翘状的女人，在男人们看来多属热情开朗的，敢爱敢恨，善交际；而臀部在不走路时呈下垂状的女人，生性温婉、顺从。

很多人都说，女人的双腿是暴露其性感一面的最直接部位。不仅如此，双腿也会在无意间透露出女人很多的内心小秘密。

许多女性关注自身形象，多半想给对方留下比较淑女的印象，因此她们在落座后，基本上会将双腿朝着同一个方向平行放置，这其实也是最常见的一种双腿摆放的方式了。而这类女性大多较为年轻，她们对自己的外貌很有自信心，但对男人的要求也很高，除非是符合她们的条件要求的，否则很难接受男人无端的搭讪。

落座后将一条腿靠在另外一条腿上，这种情况分两种：一是将左腿搭在右腿上，这样的女人，她们往往比较喜爱冒险，面对爱人积极大胆，敢于表达自己的爱。二是将右腿搭在左腿上，这样的女人就比较保守一点，有内涵，偏内向，颇为理智，但习惯性压制内心的情感。

把双腿交叉成十字形多半是少女才会做出的动作，她们往往阅历比较浅，交往起来也不会很困难。

把双腿一块儿弯曲放置的女人多追求浪漫，富于幻想。FBI发现，这类女人一般都有比较优越的家境，对自己的言行也极为看重，不会不检点，但她们也会炫耀自己，显高贵，多隐藏情感。如果是脚尖交叉放置摆出这样的姿势，也许是因为在恋爱中受到过极大的创伤，导致后来对异性很厌恶，但也有可能是具有同性恋的倾向。

也有一些女人喜欢在坐着的时候，分开双腿，我们多半见到的是某些过胖的女性或因为患有生理疾病而不得不分开放置。假如以上皆不是，那么，这样的女人就生性大胆，较为放纵自我，没有女性特有的矜持和素养。也有一种说法，认为这类女性的性意识较为淡薄，不过这类女性在生活中还是比较少见的。

破案小视窗：小动作看穿男人心

其实，这个世界上的每一个人都具备说谎的潜能，男人解读女人的肢体语言，是为了更好地读懂女人的心思，而女人解读男人的肢体语言往往是因为不想被欺骗。

女人要准确识别男人的谎言，不是轻易就可以做到的，建议还是在开始的时候不要让气氛太过紧张，让双方在比较轻松的氛围中彻底放松自己，那么在一些没有必要隐瞒的事情上，双方或许都会

表现得足够坦诚，而在十分坦诚的状态下，记住他的"惯常行为"。

接下来就可以慢慢涉及一些比较敏感的话题，就像第四节中米莉和杨子烁的约会一般。因此，破案神探给我们总结出几条建议，男性在棘手、慌张、不安等负面情绪出现后的肢体语言方面，可以从以下几个观察点去观察。

首先是他的头部，这也是一眼就可以观察到的部位。男性在面临压力时是很关注头部动作的，头抬得高还是低将直接关系到视线的接触情况。而男人多认为视线的交流异常重要，因此他们会管理好自己的脑袋，尽量小心谨慎。但尽管如此，秘密还是会在不知不觉中泄露，比如他的头摇动了没有，眼神如何等（前文中已有介绍）。

其次是他的手及手势，有没有触摸其他的身体部位，像鼻子、耳朵、脸颊、下巴等。而手臂的摆放也是如此，双臂之前是怎样放置的，但在触及某个话题后又是如何放置的，如果足够自然，他也许会将双臂自然垂直放置在身体的两侧，如果将两手插进衣服的口袋就另有隐情了。

我们在观察手势的时候，不是寻找手势里代表的谎言，因为手势本身并不能说明什么问题，关键是手势的变化。如果一个人在说话时一直在不停歇地摆弄手边的东西，始终处于动的状态，那就算他做出了前文中我们所说的代表着撒谎的手势也未必就一定是在撒谎。但假如他的手在十分放松的时候静静地放在一个地方，而忽然间手势不断，也或者是他的手势一直精彩丰富，但就在你谈论某一话题时，他忽然停止了手势，这就代表谎言的产生了。

再次就是他的躯干是远离你，还是希望靠近你，如果他的嘴上明明说着"你确实是我见过的最可爱的女孩了",而身体却向后倾或向一侧倾,那他或许就是一个爱说"甜言蜜语"的家伙。

再来看看他的腿脚。类似于手势,同样是出现在某一关键的节点上,这样的信息也代表着隐瞒,比如晃动着的双腿突然停止了晃动,或者是一向安静放置的双腿忽然间晃动起来;假使他习惯性地跷二郎腿,而在阐释或回答某个问题时会放下来,那么接下来的回答或许就没有很高的可信度了;如果一个人在反复做着跷起又放下的动作,那就太有撒谎的可疑性了;另外还需要留意他的脚尖指向以及膝盖的摆放位置等。

在特定的氛围中,一个男人的躯体摆放反常,那么其中必定有所隐瞒。比如你问他一个比较严肃的问题,他却将两只脚卡在椅腿后面,还试图用满脸笑容遮掩慌张。如果当时的气氛轻松随意,男人却正襟危坐,双腿僵硬,双手也极其不自然地按在腿中央,势必要引起你的注意了。

再有值得注意的是目光的接触。心理学研究认为,正常情况下,目光的直视是7秒钟,停下3秒钟,之后依次循环。至少大体上如此,如果一个男人在与女人对话时,不愿意和女人有目光上的接触和交流,而总是看向别的地方,那就代表他心里有鬼;也有一些男人则刚好相反,他们在直视女人时目光总不愿移开,很有可能是已经处于失神状态了;也有比较频繁的眨眼状况,这多半是男人处在思考之中,但在听到一些比较关键且敏感的话题后,过于频繁的眨眼或闭眼就值得注意了。

最后,压力通常会使一个人变得口干舌燥起来,于是吞咽唾液、舔嘴唇等动作就不得不注意了。排除一个人的习惯,撒谎时因紧张引起的吞咽唾沫是控制不了的行为。

第七章

破案神探教你超效心理影响术

初次见面，如何迅速读懂对方内心并与之建立相互信任的关系？想说服一个人又不想遭到拒绝，比较有效的办法有哪些？如何在一开始就赢得主动？怎样说话才算是会说话？如果不抢先控制对方，对方就会逐步将你控制，神奇的心理影响术也是破案神探的绝技。学会影响心理的技巧无疑会为你的人际交往加分，通过探知对方内心，你将赢得更多的认同和主动。

第一节　如何快速与对方建立信任

探知内心

在人际交往中，光是知道如何与对方交谈还不行，还要懂得深入人心，读透对方的心思，进而顺利建立起双方的关系。在破案神探执行任务的过程中，接触比较多的是陌生人，而他们还是成功出色地完成了一个又一个任务，原因就在于他们掌握了一手瞬间与陌生人拉近距离，甚至是快速建立信任关系的绝活。

一般情况下，信任关系多半是在闲谈的时候建立起来的，不管你是有意接近一个人，还是带着任务去拜访重要客户，开场时大家

第七章
破案神探教你超效心理影响术

总不免要寒暄几句。这其实就是一个难得的好时机。因为只是闲聊，对方不会有戒心，很容易在一些小的细节上泄露重要信息。一个好的推销员会抓住顾客的消费心理，在开场的时候闭口不提推销的产品，而是简单地和顾客闲聊一些琐碎之事，在细节中读懂对方的心思。比如看到自己的客户在开始说话不到两分钟的时间里几乎每隔几秒钟就瞟一眼对面不远处的壁式电视，那么细心的推销员会随着客户的眼睛看过去，寻找客户一直在关心的东西。原来，电视上正在直播 NBA 球赛，那就很明显了，客户对球赛很感兴趣呢，此时此刻如果这位推销员够精明，就应该多和客户聊聊球赛的事情，以便拉近双方心理上的距离。有的时候，聊得顺利了还会迅速与对方建立起信任的关系。

要想在短时间内与人建立相互信任的关系，就要让对方觉得彼此"情投意合"。

杰西住在一个小区，每天早上出门上班他都要经过一片芳草地，而每次都会看见一个披着长发的女孩和她的一只小猫在花园四周散步。杰西注意了她整整一个月。后来一次偶然的机会，他假装低头看手机，不知不觉走到了女孩的旁边，猛然抬头似乎发现走错了路一样。如果他一抬头没看见女孩讶异的眼光，或许就没有下面的故事了。杰西一抬头确确实实看到了女孩表示惊讶的眼光，没有料想到的是，还有那么一点点抱怨。

"不好意思。"杰西连忙道歉。女孩脸上的抱怨顿时散去。"没关系。"杰西假装要离开，但又假装忽然想起一件什么事情，掉过头

来问了一句:"很抱歉,我想请教一下你,最近我也想饲养一种宠物,你的小猫很可爱呢,你很喜欢猫吧?""嗯,喜欢啊。"女孩抬头对杰西说。于是杰西又问:"那你养猫是喜欢猫的什么特质呢?""哦,应该是猫的自由和随性比较吸引我吧。"其实杰西是试图通过女孩养猫的理由来打探出女孩有"希望被他人认可"的潜意识,而猫的自由和随性恰好证明女孩希望自己在别人的眼里是个自由且随性的人。后来杰西又和女孩说了一会儿话,然后赞叹女孩为人很随性,在言谈举止间透露着一股不受约束、自由自在的韵味。

被别人赞美到了心里,想必是很难不开心的,那么接下来的交谈理所应当是顺利的。一个人内心希望被认可的样子,不会轻易对人启齿,在谈及宠物一类比较轻松自在的话题时心理戒备就会松懈,不知不觉间就会说出内心压制的愿望。这个时候或许说者"无心",但听者就要"有意"了,利用这一心理弱点拉近双方的心理距离往往很奏效。就好比你得知对方喜欢喝什么酒,直接拿到他的面前,说:"来,今天我们好好喝一杯。"

其实养猫的人,或者说是可以与宠物建立起比较好的关系的人,多半是尊重他人之人,善于平衡个人的人际关系,一般都不会与人发生较大的利益冲突,因为在他们的潜意识里都有希望被他人认可的愿望。心理学家研究认为,人与猫和谐相处模式的形成建立在人尊重猫的基础之上,那么这样的人在交往中就期望保持联络,注重情感体验,并且很会换位思考。在交谈之始,通过闲聊宠物来窥探人物内心,并以此为切入点是有效拉近心理距离的方式之一。

另外很有意思的是，接着问"你为什么喜欢猫"，再到"你还喜欢什么宠物呢"，还可以探测出此人喜欢什么样的异性。如果女孩说除了猫之外还喜欢蟒、蜥蜴之类的动物，也许你会觉得不可思议，一个女孩子居然会喜欢这类带有危险性的动物，其实这是暗示她心目中的异性必须是要能够带给她刺激和新鲜感的人才行，而那种稳重踏实型的男人往往得靠边站了。

赞美巧妙化

从前，在一个古老的部落里，有一种传统，年轻人想要结婚，先要学会一项本事，那就是抓牛。抓来的牛可以作为向女方的家庭求婚的聘礼——聘礼最少是一头牛，最多是九头牛。一次，一个年轻人来到酋长家里，告诉酋长说："我愿意用九头牛作为聘礼，迎娶您的大女儿。"酋长以为自己听错了，因为在他看来，自己的大女儿太平庸了，根本就配不上这份贵重的聘礼，而自己的小女儿聪明美丽，这个年轻人一定是搞错了。

于是，这位酋长诚恳地说："迎娶我的大女儿，一头牛就够了。你愿意用九头牛作为聘礼，那就迎娶我的小女儿吧！她才配得上你。"出乎他的意料，年轻人坚持要娶他的大女儿。酋长无奈之下，只好同意了年轻人的要求。

大女儿出嫁后一年，一个偶然的机会，酋长来到大女婿的家里，恰好赶上一场热闹的聚会。酋长看到，很多人围在一起，痴迷地看着一个美貌的女子唱歌跳舞。他困惑地问道："这个美丽的女人是谁啊？"大女婿恭敬地回答说："她就是您的大女儿啊！"

酋长简直不敢相信自己的眼睛。大女婿告诉他："您没有发现她的美丽和潜质，认为她只有一头牛的价值。而我相信她值九头牛，就以这样的价值来珍爱她。所以，她在我身边发生了脱胎换骨的变化，变成了我期待的样子。"

可见，期待和赞美是可以创造奇迹的。

在日常生活中，如果换一种方式应用往往会更奏效。譬如说，大多数的人都在夸赞某某先生有魅力，长相帅气，简直是大多数女孩的梦中情人。这样的赞美在开始的时候或许会有用，惹得对方心花怒放，但是当大家都这样说的时候，似乎就缺乏了那么一点诚意，而对于被赞美之人来说，你也不会给他留下比较深刻的印象。要想给他留下一个比较有回味空间的印象，那就需要反其道而行之。

例如，你得知这位先生各方面的条件都不错，确实是很多年轻女孩追求的良偶。可是像如此有作为、长相英俊的男士到了而立之年却依旧单身，最有可能的原因在于：过分专情，与初恋分手后就一直保持单身。年轻时致力于事业，中年才开始寻找配偶，而这样的男人多半要求比较高，不易接纳一个自己并不满意的人。这类人共有的缺点或许就是高傲自大、对人要求苛刻（当然不排除例外），要想留给他好的印象就要赞美他的不足。所以你若是想赞美这位先生，不妨说："先生，您这么优秀，想必一定是个严于律己、宽以待人的人了，而在刚刚的一番谈话中，也证实了我的想法。"

也许很少有人甚至从未有人这样赞美过他，你是第一个，那么他对你的印象就倍加深刻，认为你看见了别人看不到的他的另外一面，因此对你也就很容易产生"知己"的感觉，这样一来信任之感便会很快建立。

让对方敞开心扉的技巧

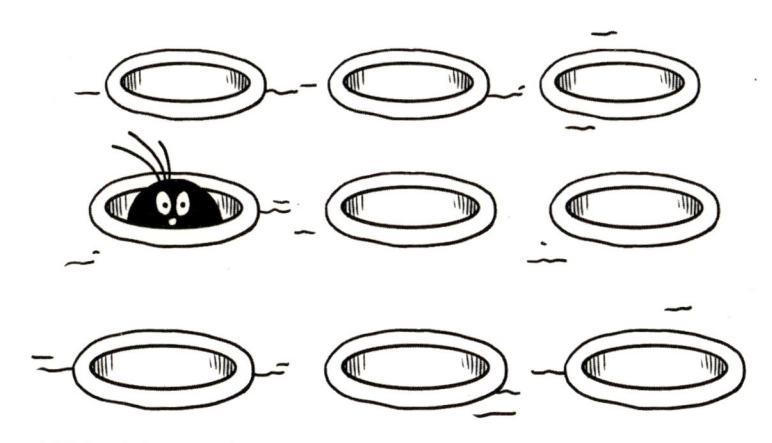

要想与对方顺利进行沟通和交流，最重要的还是要敞开心扉，有所隐瞒并非想要的结果。而这最关键的一环就是自己要首先敞开自己，然后再一步步地引导对方对你敞开心扉。

技巧一：使用表示认同的动作

为了表示我们自己确实是"已经对你敞开心扉了"，可以在说话的时候特意使用变化的手势加以强调，并且尽可能露出掌心，使对方看得见，或者说着说着将自己的脑袋歪向一侧，露出一边的脖子。这是在向对方暗示：我毫无戒备。手掌摊开表示的是并无攻击之意，露出脖子代表的是袒露出自己最脆弱的身体部位，表示对对方的充分信任。这些小动作比直接和对方说"我已经向你敞开心扉了"要有效果得多，对方也就在潜意识中感受到"眼前的这个人对我是诚恳的，没有抗拒我的意思"。如果你还想进一步表达自己的喜欢，还可以微微

将自己的身体向对方靠近，即做出"腹部前倾"的动作，与此同时靠近的还有你的肩膀和头部。人们都知道，对于自己喜欢的人和事，人最本能的反应多半是期望靠近，当对方读懂了你的心意，想必也就很少会有人去拒绝一个喜欢自己、对自己又真诚的人吧。

相反，如果一个人时刻保持戒备心理，对方会见到他交叉放在胸前的双臂和一直下压的手掌（看不见手心）。

还有一种方式也能有效赢得对方的信任，那就是在对方说话的时候恰当地给予肯定的暗示。也就是说，倾听的同时在对方停顿的节点或者是他喘气的空当儿，用深深的、缓慢的点头动作，配合对方的呼吸和停顿节奏做出回应，如果对对方的说话内容也表示赞同，也可以在必要时加上一些诸如"确实啊""我也是这么想的""很好的想法"之类的肯定句。如此一来，对方在心理上获得了成就感，也就很喜欢这个对自己认可的人，甚至还会觉得"原来我们的想法一样啊，看来我们很投机呢"。

技巧二：适度模仿对方

实际上，适度模仿对方也可以渐渐打开对方的心扉。这里使用的方法是巧妙利用语言秘诀，就是在说话的过程中适量使用对方说过的字眼，譬如对方说："快乐其实是个十分狡猾的伙伴，我似乎不太敢于接受这样的挑战。"你知道他明明处于失意状态下，却依旧不乏幽默的言语。于是你只有顺应下来，才能顺理成章地与他攀谈下去。假如对方喜欢使用"嗯嗯嗯，对呀"做回应，你也不妨试着用相同的语句和语气回应他，好感会在瞬间增加，那么他的心情和对你的印象也会倍增。

技巧三：巧妙设套

一个会说话的人总是很快就将对方引向自己的局。也许并没有多么华美的称赞，也没有在肢体上做一些表示认可的动作，而是在一开始就直截了当地说："几句话说下来，我发现你是个不太容易对人敞开心扉的人，但我看得出你的内心情感特别丰富，更是一个富有魅力的人，只是还没有把自身具有的潜能完全调动出来，蛮可惜的哦！"

若是说"你的内心情感特别丰富，更是一个富有魅力的人"，对方或许还会提高警觉，心想我才不会顺应你的奉承被骗呢！于是一开始就使对方有了极高的戒备之心。而说"只是还没有把自身具有的潜能完全调动出来，蛮可惜的哦！"就使人感觉不一样了，对方会在潜意识里希望"内心情感特别丰富，更是一个富有魅力的人"是真的，如果"只是还没有把自身具有的潜能完全调动出来"岂不真的可惜了这番赞美，于是给出赞美的人在之后的谈话中也就渐渐达到目的了。

第二节　怎样有效说服人心

　　一个人对于某件事、某个人的看法往往会因为不同的个体差异、处境、心态等因素而不同。就拿一个说了谎的人来说吧，既然谎言已经从他的口中说出来，那就表明他已经做好了欺骗的一切准备，根本就不会轻易地将实情说出来。人们之所以要撒谎，背后肯定有撒谎的动机，试想假如只是一件微不足道的事，值得他们去撒谎吗？因此，要想不被欺骗，说服对方说出实情，最根本的还是要从心理上着手，让对方从心理上改变动机。

读懂心理动机，改变对方立场

　　人们在处理事件时习惯使用的方法，往往取决于将该事件进行内在化的方式，不管是在积极问题上，还是在消极问题上。而就消极方面来说，当某件事情影响到一个人的心绪，使其变得非常消沉、低落的时候，通常是以下几种内在心理的扭曲作用：第一，他认为由这件事所引申出的境况是长久的，甚至是永恒的；第二，他认为情况紧急，将比预想中的还要糟糕；第三，遭遇这样的事情使他伤透脑筋，已经严重侵扰到正常生活了。一旦这三种心理一起作用，哪怕只是其中的一种或两种生效了，消极情绪也会不可避免地呈现出来，并彻底赶走积极情绪的影子。

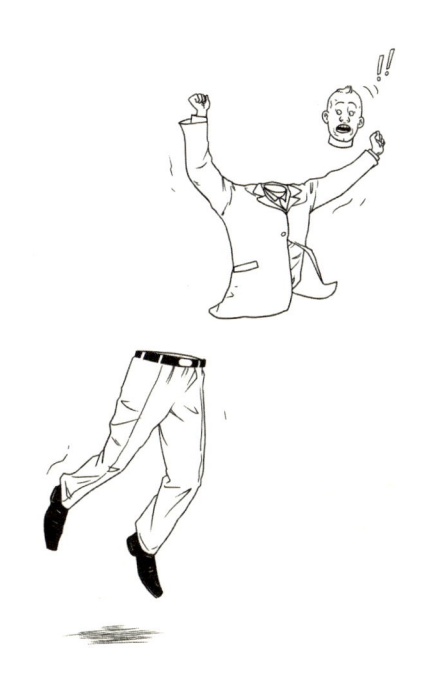

第七章
破案神探教你超效心理影响术

了解了这些，你就可以从这三个方面着手，逐个进行分解，消除他在心理上的顾虑，当这三种心理被渐渐消除，那么他将会逐步改变对整件事情的看法。转变了对方自身的态度和立场，相信最终获得真相也就不会是难事了。

例如，老板发现在自己的员工中间有人做出了不光彩的事情，已经有了初步的怀疑对象，并且已经十分肯定这个人就在这几个人中间，就是没有确凿的证据。那么，做了不光彩之事的人可能也因此后悔过自己的一时过失，想承认又担心自己今后在同事面前的形象受损，或者还会面临更加糟糕的局面。更加重要的是，如果自己被辞退，那将意味着下岗失业……由此可见，这个人肯定会一直死死地咬紧牙关。可是一旦老板懂得了这种心理，那就很好办了，他完全可以在谈话的过程中一一消除这些顾虑，使其老老实实地说出实情。

老板可以这样与其谈话：

直视他的眼睛，十分恳切地称呼他的名字："大卫，相信你也知道我今天找你来的目的，现在事实已经摆在眼前，之所以找你来是因为我还是对你有信心的。"说这话时，老板有必要做出一个掌心向上的手势，"你也知道，你很快就要升职了，会拥有专门的办公室和助理，不久以后，你有房有车的梦就会实现。"然后观察对方的面部表情，看他还是没想好要不要说出实情，老板可以继续说："如果你愿意承认，我保证公司里的其他人永远不会知道这件事。其实，我在年轻的时候也做过错事，但是我很快就改正过来了，我的领导为了鼓励我，便给了我一个很好的发展机会，我决定今天也以同样的方式来对待我的下属，不会让他面临失业的尴尬局面。"

变换身体位置，解除心理闭锁

我们知道，一个人的心理情感状态与其生理状态其实是有直接联系的，当你试图改变其情感状态而不能的时候，尝试改变他的生理状态，或许就会有意想不到的效果。也就是说，当他矢口否认，拒绝说出事情，你根本无法从他的嘴里得出真相的时候，那就想想办法让他移动自己的身体，如果他本来是坐着的，那你便可以通过自身姿势的改变引导他站起来，或转变方向，或者你也可以要求他和你一起出去散散步，边走边聊。通过这种身体的移动来改变其心理立场，从而减轻说服的难度。研究证明，当一个人的身体长期处于一种姿势时，很容易造成心灵的呆滞，思维停滞不前，立场转变也就更加困难了，而身体的移动则恰恰可以帮助解除心灵闭锁，立场转变才更容易。

比如一个情绪消沉的人，只要走进大自然，哪怕只是在大街上转一圈，心情也就大不一样了。

影响心理

要想有效地利用心理战术，就需要对方放下心理防备，并且感觉到"看来我的事情他都知道了"，深知隐瞒已经逃不过去了，这样才能迫使他说出实情。

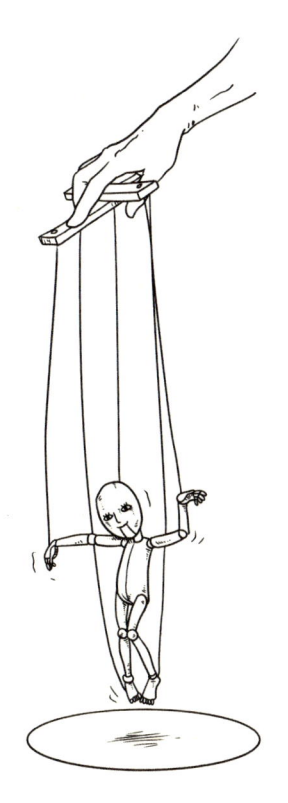

这里列举一个FBI的审讯实例。

眼前的这名罪犯紧紧地咬住牙关，经过层层审讯，FBI一无所获，

真是让他们绞尽脑汁，看来想要撬开他的嘴巴还是有点难度的。最后，一个经验比较丰富的 FBI 特工坐在了这名嫌疑人的面前，眼睛直视着他说："轮到我了。但在此之前我觉得我应该告诉你一个事实，那就是在以往的审讯中，我还从未失败过，没有我不能撬开的嘴巴，但我具有天生的悲悯之心，只要是有悔过之心的人，我都会为他说情，反之则罪加一等。我们开始吧，必要的时候我会报上我的大名。"犯罪嫌疑人假如心中没鬼，这番话便不会对他有任何的影响，但如果有，那么此时的犯罪嫌疑人就会心生挣扎：这次好像不太好过关了，他看起来还真有点厉害，我是招供获得减刑呢，还是死咬不放呢？一旁的 FBI 特工已经看穿了沉浸在思考中的犯罪嫌疑人，因此对其罪行的判断就更加确定了。后来这位 FBI 特工捧进来一束米兰，淡淡的幽香瞬间在屋里弥漫开来，他还要求犯罪嫌疑人起身去寻找一个比较适合存放米兰的瓶子。直到最后犯罪嫌疑人坐在 FBI 特工的对面，却发现先前的小桌子早就不见了，就这样双方相视而坐，而此时犯罪嫌疑人的心理防线早已崩溃了。在 FBI 特工步步紧逼的心理攻势下，犯罪嫌疑人最终招供。

实际上，这次审讯之所以会成功，就是因为这位 FBI 特工从一开始就抓住了犯罪嫌疑人的心理弱点，给了他有效的心理威慑，句句说到他的心理节点上，动摇了他一贯的侥幸心理，迫使他招认了自己的罪行。

这种心理影响术不仅为对方指出了唯一的出路，并且向对方暗示：我已经知道你所做的一切了，现在只等着你自己承认，只有自己坦白才会"从宽"。于是,犯罪嫌疑人的心理防线在一开始就摇摇欲坠。

但我们知道,或许这名 FBI 特工在一开始并没有十分的把握认为他就是罪犯,但是他在开始谈话的时候就已经让嫌疑人感觉到"这个人已经清楚地洞察了我的想法"——这是最关键的一个环节,罪犯的心理防线就是在这个时候开始崩溃的。

寻找心理时间点的弱势

李妮是一家人寿保险的推销员,凭借聪慧机智,加上一张抹了蜜似的嘴巴,曾经在一年内完成的保险单数量位居全公司首位,就连老总都不得不对这个小丫头片子竖起大拇指。这次公司上下决定将一个大单子交给李妮,希望一向机智能干的她能够一举拿下这个保单。

李妮事先了解到这家公司的老总脾气不好,很多上门做销售的人都吃过他的闭门羹。开始时她有点担心,万一拿不下来怎么办?不过经过一番深思熟虑,李妮还是决定试一试。首次拜访,李妮并没有搞特殊,直接来到该公司的前台询问,说有事想要见见贵公司的老总。不久,一个衣着大方、戴着金丝边眼镜的女人走过来,很礼貌地对李妮说:"不好意思,老总今天不在公司,请回吧。"李妮心想:这位一定就是秘书了。无奈之下,李妮只得转身准备离去。这对她来说并不算什么,什么样的闭门羹她没吃过?凭借李妮的经验判断,刚才秘书的话一定不是真的。索性就决定冒险试试,在门外"守株待兔"。其实李妮心里盘算的远远不只是"守株待兔"这么简单,而是希望在老总忙碌了一整天之后"乘虚而入"。

果然不出李妮所料,老总确实一直在公司里,忙碌的一天结束后

已经坐在他的私人轿车里准备回家。忽然，李妮一个健步冲上去，轿车停住，车窗缓缓摇下，或许见是一位女士，司机刚要骂出口的话立即咽了回去。李妮此时不失时机地说了声"对不起"，然后接着说："老总您好，请原谅我如此鲁莽，我已经在此等候您一个下午了……"还没说完，老总就打开车门，说："有什么事进来说吧。"下班后的老总似乎脾气并不是很糟糕，反倒是一脸的疲惫，而李妮此时正充满雄心壮志呢。结果在李妮耐心机智的解说下，老总最终和李妮签订了这个保单。

人们的心理防备在疲惫的状态下是最容易被攻破的。因为睡眠会使一个人的头脑思绪清晰，充足的睡眠和休息使得注意力也会大大提高，这个时候的分析力和判断力是很强的，但是在疲惫的状态下就刚好相反。

美国心理学家丹尼尔·吉尔伯特做过一项研究，结果也证实生理疲惫的人，最容易被说服。这是因为身处疲惫状态下的人的大脑失去了原有的认知能力，当面对一些相对重要的信息时，大脑无疑就要调动原有信息加以验证，但认知能力的下降直接影响到了判断。

最好是在傍晚的时候做演讲。因为该时段的人们几乎都比较浮躁，经过一整天的忙碌生活和工作，已经无力再有新的思考，便更加容易接纳他人的意见和建议。但同时心理学家也分析，该时段人们的紧张感和自制力处于松懈状态，很容易泄密。

第三节　会说话的人都这样

一个会说话的人会直击对方的内心，最具有魅力的说话术是能够操纵他人的心理，而最有效的心理操纵术是要打得开别人的嘴巴。

一开口就动情

心理学家认为，人的情绪是变化无常的，很容易因为一句话而发生意想不到的结果。有的时候，再简单的话语，只要说对了，动之以情，真诚与恳切将会化解、改变主要观念。

如果从测谎的角度来看，这样的方法还是比较适用的。譬如，一位母亲面对自己撒了谎的孩子说："你说谎话，真的是伤人心！枉我之前那么信任你！"如果只是这样说，顶多就是让孩子在心里产生不安和愧疚之感，后悔自己撒下的谎言，但是否能够让孩子后悔并讲出实情依然无法确定。在成人的世界里，他们会前后思考，权衡得失利弊，说出真相会得到什么，只有当他确认了自己并不会因此失去很多，反而还会得到一些额外的好处，那就很容易透露实话了。而在孩子的世界里，虽然他们并不一定像大人一样去认真权衡利弊，但他们也同样希望说出实话会得到一些相对比较具体的"好处"。正如这位母亲，如果她接着说："你只有告诉我事实，我才会像从前一样信任你，只有信任你，你才有机会去同学家里玩，你才可以一个人跟着老师同学一起去郊游，往后你的话我才会相信。"当一个玩心比较重的孩子听到

这样的话，他会清楚地知道，只有说出实话，他才有机会获得母亲所说的一切，实际上也是他所向往的一切。

这就告诉我们，如果你们的谈话还在进行，而你还是没有获得想要的真相，那就收起你的那些"做人要诚实""不可以欺骗我"以及"撒谎对你根本没有好处"的论调，因为这些已经起不了作用了，这时候应该转变策略，用你之前已经打下的感情基础，然后再加以利益的引诱，表示对方说出实情后将会获得直接性的利益。需要注意的是，这些利益必须是符合对方需求的，对他越是有吸引力，所起的作用就越大。

分清场合，注意分寸

一些真正会说话的人不仅仅会用嘴巴说，还会巧妙地运用"不说"来达到说的目的。也即是在与人交谈时注意用心倾听，集中注意力听取别人的意见，因为你的倾听向对方传递的是一种尊重。即使你不一定完全赞同对方的看法，但有理的一方往往不是说得多的那一方，过于急切地表达自己的观点反而没有说服力。

从心理学角度分析，要想做一个会说话的人，就要掌握更加容易被他人接受的说话方式，也即需要考虑到听话者的心理。

在日常生活中，我们并不需要说过多的巧言奉承之语，那些专门哄骗女孩子的"花言巧语"总有败露的一天，就像你在十天中有九天都在喊"狼来了"，最后一天当狼真的来了的时候，喊破嗓子都不会再有人相信了。而最值得我们探讨的就是说对话。这就不得不提及一条：分场合说话。

第七章
破案神探教你超效心理影响术

相传在古时候，有一户人家请客，按照事先通知的时间，客人本该已经到齐了，但今天偏偏有将近一半的客人还没来。主人心里着急啊，这么多人在等着，于是脱口而出一句："怎么搞的？该来的都还没来！"在座的一些心思敏感的客人觉得这话有弦外之音：既然这样，那么我们这些不该来的也没有必要留下了。于是一个个都借故离开了，这下主人就更加慌乱了，又脱口而出："怎么这些不该走的都走了呢？"没想到剩下的客人心想：不该走的走了，那剩下的我们这些人也该走了，便起身也走了。见好不容易请来的客人一个个都离开了，主人心里可真不是滋味啊，此时屋内仅剩的一位好友看见这种场面，很有感慨，便对主人说："建议你在说话前好好想想再说，否则说出去的话，泼出去的水，就再也收不回来了。"主人连忙解释："我并不是想让他们走啊！"这句话本来倒没什么，但是主人特地在"他们"这两个字眼上读了强调重音，结果，仅剩的一位友人也气急败坏地走了，走时还说了一句："不是让他们走，看来是希望我走的吧。"

正所谓"说者无心，听者有意"，也许就是这个道理，有的时候，同一句话在不同的场合不同的人面前，表达的效果是不一样的。说话要分场合，不该说的话就是烂在肚子里都不能说，而该说的也要恰当表达。假如不分场合，不顾及听话者的接受心理，就很容易造成不必要的误会。墨子就曾经说过，青蛙、蛤蟆连天连夜地叫唤个不停，就算口干舌燥、嗓子嘶哑，人们也不会留意到它们的存在，而公鸡的打鸣声每天按时响起，人们把它当成天亮的标志。可见，说话多了

就失去了效果，要说就得说得精准。因此，说话要分清场合，掌握好分寸。否则，见着瘸子说短话，见到和尚提秃子，别人只会越来越讨厌你。

职场中很多直肠子的人，喜欢在下班后，或者是上厕所的空当闲聊，聊着聊着就兜不住了，于是在厕所里和同事大谈公司里某某员工和领导的暧昧关系，说一些道听途说的同事的糗事，甚至抱怨上午刚刚教训过自己的老总的不是。殊不知，在你隔壁或许就有一双耳朵，一旦消息快速传播，成了众矢之的你很可能还蒙在鼓里。

这样说，不是不赞同同事之间交心，只是这需要注意场合。看场合，其实是指说话的时间、地点以及当时特定的交际环境。两个比较要好的姐妹在一起可以畅所欲言，充分表达一天下来的不满情绪，但若是在公共场合就得尽量避免。有些话一旦传进不该听的人的耳朵里，说不定会引起不必要的麻烦。有调查研究显示，没有多少人能够完全保守秘密（只有不到1%的人可以完全保守秘密）。因此，牵涉到个人隐私的，最好不要到处诉说。

语言是具有规则的，你说的话符合对方的心意，才能被顺利接受。这是共同的准则，就好比在一个春风得意的人面前，不要过分猛泼冷水，在失意人的面前，切勿大谈得意之事。世界上有那么多成功者，但失败者也比比皆是。成功者曾经这样为自己总结：一切全凭自己的能说会道了。而失败者反而如此归纳自己：一切都毁在了这张嘴上。由此可见，说话的艺术会影响一个人的成败。

第七章
破案神探教你超效心理影响术

说别人感兴趣的话题

交谈甚欢的双方一定是在说一个彼此都非常感兴趣的话题，否则没有谁会对一个自己没有兴趣的话题投入过多的热情，假装也很难做到。因此，如果你想要和对方有进一步深入的交流，就得从对方感兴趣的话题入手。如果一句话能够说到对方的心窝上，那么，人际交往的大门就会很快对你敞开。

卡耐基是个钓鱼爱好者，每年夏天他都会到缅因州去钓鱼。钓鱼的时候，他最常用的鱼饵是乳脂和草葡，但是他也知道，小鱼还是更加喜欢小虫子。于是每次只要是去钓小鱼，他都会带上一些小虫子，尽管周围的人用的都是乳脂和草葡。

一天傍晚，卡耐基满载而归，路上遇见了同样扛着钓鱼竿的人，他看看卡耐基满满一篮的小鱼，再看看自己的鱼篓——空空如也，不

解地问:"你是在哪里钓到这么多小鱼的?"

"不是在哪里钓鱼的问题,问题是你要知道小鱼最喜欢什么,你用它不喜欢的东西来引诱它,又怎么会使它上钩呢?"卡耐基看着钓鱼者鱼竿上拴着的草葡微笑着说。

上课总是会打瞌睡,想必这是很多人都有过的经历。但是每当大家昏昏欲睡的时候,聪明的老师就会停下来,说一些大家关注的话题,甚至会向我们透露他年轻的时候给多少个女生写过情书,结果无一开花结果。很多困意绵绵的学生一听到这样的话题,马上就来了精神,睡意全无。

美国总统罗斯福就是这方面的能人。根据记载,几乎每一个前去拜访过他的人都会被其渊博的知识和无限的亲和力所折服,不管拜访罗斯福总统的是谁,他总是能够和别人有话说,并且根据不同的人说不同的话。实际上,罗斯福会在前一天晚上翻阅第二天前来拜访的人的资料,了解他们的兴趣在哪儿,这样在交谈时就可以将话题带向对方比较感兴趣的问题上,有话说并交谈愉快,对方自然心悦诚服。

拒绝好好先生,适当反馈

相传东汉末年有个叫司马徽的好好先生,此人性情温和,待人也谦恭有礼,从来不会在背后谈论他人的短处,更别说当面了。他的信条就是"什么都好,不反驳"。可以说这也算是一个优点了。一天,有人问他:"最近身体是否安康?"他回答说:"好。"再有一天,有人见到他向他倾诉,并告知他关于自己的儿子的死讯时,这位好好先生居然从嘴巴里冒出来一句:"很好。"这件事被好好先生的妻子知道后,妻子抱怨他说话不当:"我的老爷啊,你怎么能这么说话呢?这可是要得罪人的呀!哪有得知别人的坏消息后,还称好的道理啊?"听完妻子的一番话后,好好先生点点头,笑着说:"你说的话也很好。"

假如你有幸结交这样的朋友,是不是会感到万分无奈呢?人与人之间的交流实际上就是一个相互反馈的过程。别人说一句,你回应一句,你表达一种观点,别人给出意见,这是最简单的一种交流形式。重要的是在反馈当中,双方都能发现一种共性,进而促进交流的顺利进行,最终达到关系的稳固和稳定。

心理学家赫洛克做过一个实验,他将一群自愿参加实验的人分成四个小组,每组的人数都是相等的,这四个小组将会在不同诱因的情况下完成被安排的任务。第一组是激励组,每次完成被分配的任务后都会得到赞扬和鼓舞;第二组是受训组,每次完成被分配的任务后,实验人员都会对其存在的问题进行非常严厉的批评和训斥;第三组是被忽视组,每次完成被分配的任务后没有任何的鼓励和点评,工作好坏没有人加以过问;第四组是控制组,这个小组与前三个小组之间有间隔,并且每次工作完成后也不给予任何评价。

实验的结果是,第四组的成绩最差;激励组和受训组的成绩明显高于被忽视组;激励组在整个实验的过程中,成绩一直处于上升趋势,而受训组的成绩则一直在波动。

同样的道理,会说话的人能够及时给出适当的反馈,这就提醒我们,不论在日常生活中,还是在工作学习中,乃至人际交往之中,好

好先生的做法是需要坚决杜绝的，及时反馈的作用不容忽视，及时有效的反馈是目标达成的必要条件，我们对别人的活动和行为必须做出及时的反馈，这样才能收到积极的效果。

另外，在反馈方式的选择上，适当的鼓励比过度的批评要有效得多。鼓励固然重要，但不能夸大其词；批评要适度，但要及时、慎重，衡量好度，千万不能演化为讥讽和嘲弄，做到理解和尊重，针对不同的对象对症下药。

日本松下电器的总裁松下幸之助某天在一家餐厅招待客人，同行的有六个人，大家都点了牛排，等大家吃完了主餐，松下幸之助让助理去请烹调牛排的主厨过来，并且强调一定要找主厨，而不是经理。助理留意到松下的餐盘里还剩下大半的牛肉，心想肯定要有麻烦了。主厨来到松下的面前时很紧张："是不是牛排出了什么问题？"没想到松下用略带歉意的口气说："实在是不好意思，牛排很美味，可我只能吃一半，因为我已80岁，胃口不佳。并非是厨艺的问题，你是位出色的烹饪师。"在场的人都感到讶异，"我之所以要和你面谈，是因为我担心你看见还有一半的牛排时，心里会感到难过。"

这就是反馈的艺术。

由此，我们不难想象出，当你在与人相交时，一句鼓励性的话是多么有分量，它或许会减轻一个人的痛苦，会振奋起一个失落之人的精神，会鞭策一个停步不前的人加快前进的脚步……不管是哪一种情况，它所带来的影响总是那么积极、美好。

第四节　影响他人选择的方法

破案神探教你影响他人的选择

英国剑桥商人霍布森是个从事贩卖和出租马匹的商人，1963年他在贩马的时候称，可以将马匹放出来供大家挑选，但是唯一的附加条件就是只准挑选最靠近门边的马匹。霍布森的马圈很大，马也多，大伙听说这里买马可供挑选，都来买马。当时霍布森的那个马圈只有一个很特别的小门，这是只有矮小的瘦弱的马匹才能通过的。而霍布森的那个条件表面上看起来似乎很诱人，但实际上他所贩卖出去的都是矮小的马，他用看似具有很大选择空间的条件，诱使不知情的人上当。

这种手段被后人讥讽为"霍布森效应"。社会心理学认为，人一

旦陷入"霍布森效应"的迷局，就很难再发挥自身的创见性了。也就是说，一旦你走进一个洞孔，就只有顺着这个洞孔一直往下走了，接下来的一切都不再是你自己所能控制的。

我们在日常生活中，如果陷入"霍布森效应"这一怪圈，就很难再客观理性地对人对事，任何好坏优劣也都失去了评判的标准，假如一个问题只能用"Yes"或"No"来回答，那显然是被控制并扼杀了本真的判断力了。

这就利用了心理弱势，不知不觉间将对方牵进了自己事先设好的套。有一个很有趣的小实验：实验者可以事先准备两只一模一样的纸盒子，分别标注为A和B，摆放在被试者的眼前，然后要求他凭第一感觉从中任意选择一个。实验的过程如下：实验者用一只手指着A说这是A；然后放下手，又用另外一只手指着B说这是B。实验在一群被试者中分别进行，结果90%以上的被试者都会选择A。问及原因，他们会说："你不是说凭第一感觉吗？我的第一感觉就是A。"

但实际上，真的是被试者凭借第一感觉进行的选择吗？其实不然。是实验者巧妙地利用了被试者的潜意识，影响了被试者的心理，进而影响了他们的选择。听起来似乎有点玄妙，有些人还会说，因为先说的是A，那么A就第一时间跳进了大脑潜意识里；但也有不少选择B的人，他们认为，因为B是最后一个说出来的，因此当话音结束，B还回荡在大脑中。但不可否认的一点是，利用心理潜意识实行心理影响的方法确实很有效。

生活中，我们不难发现，一旦被一些琐事缠身，比如和恋人闹别

第七章
破案神探教你超效心理影响术

扭了、家里的宠物狗狗生病了、女儿高考复习功课做得不好等,这些消极情绪很容易影响到一个人的心情,那么即便在工作的时候都难安下心来,就如同你在一个从未经历过的大场面上发言,因为过度紧张而忘词,虽然理智告诉你不能紧张,但是你依然控制不了手脚发抖,声音打战。这就是潜意识的巨大力量,它是不受控制的,比如小孩子在被逼着写作业的时候,往往潜意识里还在想着玩耍,因此也就很难专下心来。破案神探认为,在察言观色、识别一个人的内心的时候,那些小动作就是通过潜意识做出来的,是一个人在特定状态下很难控制的,这里也是这个道理。

可见,要想影响他人的想法和选择,就要巧妙地利用潜意识的作用。

假如从揭谎的角度来分析,潜意识的作用也是不可忽视的,这在破案神探执行任务的过程中也是必不可少的妙招之一。

在 FBI 特工审讯犯罪嫌疑人的时候,往往会遇上一些比较难缠的人,他们紧紧闭住嘴巴,心想:别再妄想从我的嘴里得到什么。这时候 FBI 特工非但不会放弃,还会加紧进攻,巧妙洞悉犯人的心理意图。"既然你不张口,那我也没办法了。但是现在请你回答我一个问题,必须诚实回答。"然后就紧紧盯着对方的眼睛,表示问题的严重性。然后说:"你前面所做的回答有没有虚假信息?"假如嫌疑人只是简单地回答说:"没有。"那他说的话是可以相信的。假如嫌疑人说:"不用我再重复了,都是真的。"或者是:"你认为我哪一句骗了你?"那么,嫌疑人的犯罪嫌疑就更大了。在这个过程中,如果还伴有嫌疑人的一些小动作,比如摸鼻子、拉扯衣领、揉眼角等,那你就不难确定,他

一定是在说谎。

日常生活中，也存在类似的情形。譬如，妻子询问丈夫："现在我只想问你一个问题，你要诚实地回答我。"然后直接盯着他的眼睛发问："你到底有没有出轨？"此时丈夫会有两种潜意识反应：一是简单明了地回答说："没有。"二是反问一些问题，譬如，你怎么这样问？你发现什么了吗？你怎么不相信我呢？但事实上只有前者才是可信的，而后者恰恰说明丈夫有所隐瞒。因为这其实是一个只能用"是"或"不是"来回答的问题，除此之外的回答几乎都是可疑的。

正是因为答案过于简单，才使得撒谎者内心产生不安，接下来他会想尽办法来开脱和回避这个话题。而一般内心坦荡的人在回答完毕后，还会反问上一句："那么你呢？"想接着和对方来讨论这个话题。

延伸：不被他人拒绝的方法

假如你因为某个原因想要和一个人套近乎，你开口的第一句话会是什么呢："可以一起去喝点东西吗？""晚上能一起吃饭吗？""我想带你去个地方，可以吗？"假如对方心中早就想好了答案——不，那么接下来再想改变其主意就比较困难了。譬如有人想请你帮个忙，你的第一反应一定是考虑帮还是不帮。当然拒绝得有拒绝的理由，接受也有接受的心理衡量。破案神探若想接近某个目标，一开始的接受与否往往很重要，他们也尽量会在一开始的时候就做好充分的准备，让那个人没有机会拒绝。

要想让对方没有拒绝的机会，就要在问题上下功夫。比如可以把

"晚上能一起吃饭吗？"换成"晚上我们是去吃西餐还是中餐？"，这个问题让对方的第一反应不会首先出现"不"这个字眼，如果想要一口回绝显然有点答非所问的嫌疑。

使用这个方法的时候，需要掌握一个技巧，那就是千万不要以恳请的口吻与之对话。都说女孩子要的不是"今天我去接你好吗？"而是"今天我会去接你"。不是"想要吗？"而是"我给你买了"。也不是"去看电影好吗？"而是"一起去看场电影吧"。其实这都是一个道理，你有必要在开口前就给出结果，显示出诚意，然后再以此为前提，提出一些可供参考的建议。

守住主导优势

影响他人心理的一个最为关键的环节就是要时刻守住自己的主导地位，让对方向着你期望的方向行进，也就是说，你必须要控制好话题的主动权。以上给大家介绍的一些掌控多方心理的技巧，在不同的场合需要灵活加以应用，必要的时候也可以作为揭穿谎言的手段之一。

通常情况下，对方的回应取决于你的提问方式，就像我们在前面说过的，要想不被很快拒绝就要在一开始发出邀请的时候做好充足准备，让对方没有机会说"不"，这样就比直接的询问有效得多。谈话的主导权也是一样，只要你把谈话的主导权紧紧地握在手里，那么你就可以控制住对方的回应类型。

为了使前面我们所介绍的方法得到最佳的验证效果，还需要注意的是谈话中最容易帮助你将对方牵引到你期望的方向上去的几句常用语。无论是在什么样的对话中，你都可以尽量使用这些关键性的语句来赢得优势。

第一，你可以说"你的意思是……"当对方说完一句话，你可以紧接着说一句"你的意思是……"从而有效控制并引导对方的思维，还会将你们交谈的内容扩及最大范围。当你发问之后，他也将针对你的问题进行回应，这个回应便是由"你的意思是……"而引导出来的。

第二，适当插进"那如果是这样的话……"会让你获得更多的侧面、额外的有效信息，帮助你距离真相又近了一步。

第三，当你说了"因此"这个词以后，对方通常情况下都会把先前所说的重新更加精准地表达出来，这会让你得到更为详细的信息。

第四，"那现在……"这是一个探测对方立场和自我态度的方法，实际上是针对前面的问题做进一步的详解，或关于意图，或关于具体操作步骤，或关于接下来的行动等。

当然，一场对话，你不可能永远都处在主导的优势地位，假如不幸失去，还有两个办法可以挽回。

第一种办法：使用否定性提问。

身为高中教师，尤其是作为那些即将参加高考的学生的班主任，老王想要向校长申请一笔经费，作为带高三学子春游的费用支出。这天老王来到校长的办公室，开始的时候他不知道该如何向校长开口，正处于复习的紧张阶段提出春游似乎有点说不过去，老王心里清楚，这项提议会被校长驳回的可能性极大。但是老王最后还是硬着头皮走了进去，此时他心里已经想好了计划。

"校长，我想和您谈一件事情。"老王开口。

"什么事呢？坐下来说吧。"校长应允。

"您不觉得最近高三学生的情绪有些不对劲吗？"

"我不太清楚啊，你说说吧。"校长抬起头看了看老王，他也知道这位中年教师一向教课严谨，经他带出的两届毕业生也不乏名校的优秀学子。

"也许是我这段时间有些累，神经过于敏感了吧。"老王故意提高了语调。

"老王啊，你是不是有什么话要说，有就说吧！"校长意识到问题也许真的严重了，毕竟这是一批面临高考的学子。

"那好吧，我觉得我们应该组织一次春游，让这些沉浸在学习压力中的学生放松放松，也缓解一下他们紧张而疲惫的情绪，磨刀不误砍柴工啊，否则一直这么耗下去，我担心问题会越来越严重。"一边说着，老王还一边观察了一下校长的表情和动作，见校长陷入沉思，老王接着说："只不过这需要一笔经费，我今天正是为这而来的。"

"那学生们对春游的态度如何？"校长问。

"学生们都希望通过这次春游散散心，更重要的是收集更多的作文素材，这一点，您没有意见吧？"老王显然是有备而来的。"这些学生在课堂上总是打不起精神，近期月考的成绩也不是很理想，这与我往年预期的成绩差很远，您没有察觉到这些变化吗？"

"可能是我最近有点忙，没有注意到这些变化。"

接着老王把往年的学生月考成绩和近期总结的成绩做了分析对比，又将年前学生的学习状态和近两个月来的状况加以比较，然后说："您不觉得这样的情况需要尽快改善吗？"

"是的，非常需要！这一届的毕业生质量也关系到整个学校啊！"校长说。

"我也这么认为，因此这笔经费比起学校的前景应该是不算什么的。在我们大家眼里，校长您是一个很有远见的人，不是吗？"老王要的结果终于出现了。

"那么下面你具体安排一下，我在开例会的时候通知各个班级的老师。"

在这段对话中间,老王好几次都运用到了否定性的反问句,如:"您不觉得最近高三学生的情绪有些不对劲吗?""这一点,您没有意见吧?""您没有察觉到这些吗?""您不觉得这样的情况需要尽快改善吗?""不是吗?"一步步引导校长就范,这样,话语的主导权就紧紧地掌握在老王的手里,那么最终的结果也就不在预料之外了。

第二种办法:暂停对话。

著名的歌剧曲作家罗西尼也曾遇到过同样的问题,当时面对一直夸夸其谈的同事瓦格纳,罗西尼心里真是有点抓狂了,如果硬打断他的话会有伤同事之间的和气,于是罗西尼就试试用"不好意思,我去看看煮饭锅的火候",然后突然离开座位,当他再回来的时候,话题的主导权就又重新回到了罗西尼的手里。

生活中,我们一旦遇到一些喜欢滔滔不绝、不顾他人感受一直喋喋不休的人,也可以使用类似的方法来争取话语的主导权。心理学家认为,利用一些"意外事件"来中断一方无休止的谈话,是利用了一种"时间拖延心理",比如你可以故意将手中拿着的硬币"掉"在地面上发出响声,也可以假装在玩笔的时候不小心将笔摇到地上,然后弯腰去捡,顺便说声"不好意思,我捡一下笔"。甚至有的人会在中途说肚子难受想上厕所,凡此种种,几乎都可以拿来作为意外中断谈话、赢回话语主导权的办法。

第五节　以话套话的心理战略

要想从对方口中得到些什么，直接逼问往往会适得其反，巧妙利用心理战术反倒能收到意想不到的效果。

例如，你想要了解对方究竟从事什么工作，但是直接询问，别人不一定会如实回答，尤其是在一些比较特殊的场合，你的直接询问会让对方产生反感的情绪。那么这个时候旁敲侧击就好了，比如，你可以说："你看起来挺文静的，很有气质，如果我没猜错的话，你应该是位记者？"此时，如果不对，对方会下意识地加以反驳："记者似乎不适合我这种性格偏内向的人吧。""那么，就是老师啦！"这样一来，不会引起对方的误会和反感，还可以从中获得真实的答案："不是啦，我其实是一个秘书。"

再比如，一个新来的员工想知道销售部那个帅气的主管是否有女友了，直接询问或许会有点不大好意思，那就这样问："我们销售部的主管看起来已经结婚了吧？"知情的人会下意识地回应说："他还没女朋友呢，和谁结婚啊？"如此一来，想知道的答案就出来了。

以故意说错话来打探出真相的方法是一种比较有效的说话术，即以话套话，用一个捏造的假象来获得真相。

据说，在古时候有一个廉政爱民的清官，在他的管辖范围内有一个残暴的乡绅，无耻地剥夺百姓的粮食，还欺压弱小，当地民众无不对其恨之入骨。但是大家都知道，凡是如此猖狂之辈，大多都是有权有势之人，任谁都无可奈何。这位清官任职不久就听说了这一人物，于是拍案："这还了得，一定要给他点颜色瞧瞧！"

于是这位清官就想出一计策——宴请该人。

酒席上，乡绅酒足饭饱，两人就聊起了家常。乡绅想借此机会巴结这位官员，好为自己今后更加猖獗的行为打下基础，因此，官员问及的每一个问题他几乎都知无不言，言无不尽。

官员："假设现在有一样东西，要求你呈献给公家，那么这件东西还是你的，是吗？"

乡绅："对啊，那是肯定的！"（哈腰）

官员："那你最近有没有向公家捐献过什么东西呢？"

乡绅："还没有啊。"

官员："你好好想一想，这件东西你究竟捐出去没有？"

乡绅："真的没有，不过大人，您说的究竟是哪一件？"（心虚）

官员说出了这件东西的名字。

乡绅："这件啊，我清楚地记得，我确实没有捐过。"（点头，并心想是不是这位官员想要，或许可以考虑送给他）

官员："从去年年初开始到现在一直都在你那里，没有捐出去过？"

乡绅："我确定。"

此时，官员猛地一拍桌子，大声呵斥乡绅："大胆！还不快点将赃物交出来！"

乡绅大惊失色，赶忙假装无辜："大人，您是不是误会了？您说的赃物是什么啊？"

官员便直截了当地告诉了乡绅，去年六月份的时候有人报案说丢失了一件珍贵的商代器皿，既然现在在你家，你又一直未捐献给公家，那现在就老老实实地交出来，否则后果将不堪设想。

乡绅迷糊之间已经彻底明白了官员的用意，但现在已经不能抵赖，最后只好连连求饶，并交出了赃物。

这位官员就是从乡绅的心理角度，因势利导，让乡绅主动承认那件赃物就在自己家中，进而达到了目的。

图书在版编目（CIP）数据

破案神探：破解身体语言／鲁芳著 . —2 版 . —北京：中国法制出版社，2020.4
ISBN 978 - 7 - 5216 - 0991 - 2

Ⅰ. ①破… Ⅱ. ①鲁… Ⅲ. ①身势语 – 基本知识 Ⅳ. ①H026.3

中国版本图书馆 CIP 数据核字（2020）第 057792 号

责任编辑：吕静云　　　　　　　　　　　　　　封面设计：汪要军

破案神探：破解身体语言
PO'AN SHENTAN：POJIE SHENTI YUYAN

著者／鲁　芳
经销／新华书店
印刷／河北鑫兆源印刷有限公司
开本／710 毫米 × 1000 毫米　16 开　　　　印张／16　字数／238 千
版次／2020 年 4 月第 2 版　　　　　　　　　2020 年 4 月第 1 次印刷

中国法制出版社出版
书号 ISBN 978 - 7 - 5216 - 0991 - 2　　　　　　　　　　定价：39.80 元

北京西单横二条 2 号　邮政编码 100031　　　　传真：010 - 66031119
网址 http：//www.zgfzs.com　　　　　　　　编辑部电话：010 - 66034985
市场营销部电话：010 - 66033393　　　　　　邮购部电话：010 - 66033288

（如有印装质量问题，请与本社印务部联系调换。电话：010 - 66032926）